陳安如老師
教小學生寫情境日記

陳安如——著

五南圖書出版公司 印行

目錄

前言

第 1 單元

上學趣事多

第2單元
小日子的滋味

第3單元
季節轉轉樂

前言

翻開日記本，寫下你的每一天！

第 1 單元

上學趣事多

- 吉祥物校長
- 大掃除
- 我最痛恨的一堂課
- 運動會
- 我和朋友絶交了
- 工友伯伯

今天又是感動的一天——〈吉祥物校長〉

今天，又是一個無聊的一天。

吃著相同的早餐，媽媽還嘮叨的催促我要快點吃完。

我多麼想好好享受一個早晨的時光，卻總讓應該悠閒的早晨在匆忙的「趕趕趕」中消失了。

我多麼想在吃吐司的時候咀嚼享受吐司的滋味，想像麥子在太陽的烘烤下逐漸變得金黃，想像麥子隨著微風舞動，集體化為麥浪，但所有的想像都在媽媽的催促聲中，強制關機。

我腦袋裡的電影，就這樣被迫關閉只剩一片黑影。

隨著摩托車「噗噗噗」往學校的方向前進，一路上許多人都跟我一樣，睡眼惺忪、半夢半醒、恍恍惚惚，看到大家都是一臉的不情願，我的心裡跟著平衡了點，甚至還有點小雀躍。我的嘴角不自覺的上揚，但沒有人看到，因為我們都戴著口罩。

很多人都面無表情地下車，很多人都渾渾噩噩的進了校門。

最有朝氣的應該是我們學校的吉祥物——校長，校長總是精神抖擻的早起站在校門口，向每一位學生說「早安」。

下雨天，校長笑著站在門口，就算大雨打亂她噴了很多髮膠，看起來很有立體感的髮型，她還是笑容滿面的傳遞熱力。

豔陽天，七早八早的太陽也跟著早起，豪氣地釋放熱能，烘烤著大地以及我們。校長穿戴整齊還一身套裝，看起來好熱、好熱，比太陽公公還熱啊！

即使額頭上的汗水都把校長的妝暈成一張失敗的圖，但校長仍努力睜開被汗水浸泡著的眼睛，都瞇成一條線了，但她還是向我們說早安！好大聲，好賣力地說早安！比大賣場的試吃阿姨喊得還大聲。

颱風的日子，就算兩旁的樹葉被風吹得不成「樹」型，就算滿地枯黃的落葉被風一巴掌的呼向校長的臉，校長都會笑著將黏在臉上的樹葉從臉上移開，中氣十足地向同學說早安。

看著看著，我都感動了。

不要問我為什麼，就是感動。

有時我還沒從夢裡醒來，遠遠聽到充滿朝氣的「早安」，我還以為自己來到早餐店門口。校長口罩底下的笑容比早餐店阿姨還親切、還充滿陽光。

其實我根本沒看到，但我想就是那樣。

一整天就那樣過了，但吉祥物校長的樣子，卻在我寫日記時浮上心頭。

謝謝你，吉祥物校長。

一、讀日記，學詞語

嘮叨：囉囉嗦嗦的說個不停。

咀嚼：1. 用牙齒咬碎與磨細食物。

例 細細咀嚼食物，有助於腸胃消化。

2. 比喻反覆體會、玩味。

例 他說過的那些話，細細咀嚼起來，還真有點道理呢！

烘烤：將物體直接置於熱源處或以高溫乾烤。

強制關機：強迫關閉，一開始「關機」使用在物品上，例如電腦關機、手機關機。但可以更進一步的運用在各種事物上，就像在這篇引導文中：腦海裡所有的想像被「強迫關機」。

睡眼惺忪：剛睡醒時神智模糊，而眼神迷茫的樣子。

半夢半醒：意指睡眠尚未清醒，好像還在夢裡未甦醒過來。

恍恍惚惚：神智不清、迷惘的狀態。生病或是長期失眠沒睡飽很容易有這種狀態。

雀躍：形容高興得像雀鳥般跳躍。

不自覺：1. 自己沒發現。

例犯了這麼嚴重的錯誤還不自覺，真該好好自我檢討了！

2. 出於潛意識而非刻意的。

例他說到興奮處，不自覺的手舞足蹈起來。

渾渾噩噩：迷糊、不解事理。

中氣十足：指人的聲音宏亮，精神飽滿的樣子。

二、如何寫出精彩，善用修辭法

1

想像麥子在太陽的烘烤下逐漸變得金黃，想像麥子隨著微風舞動，集體化為麥浪，但所有的想像都在媽媽的催促聲中，強制關機。

排比法＋轉化法

2

我腦袋裡的電影，就這樣被迫關閉只剩一片黑影。

轉化法

3

豔陽天，七早八早的太陽也跟著早起，豪氣地釋放熱能，烘烤著大地以及我們。

轉化法

4

就算滿地枯黃的落葉被風一巴掌的呼向校長的臉。

轉化法

三、日記素材庫

可以寫進小日記的人物

* 家人
* 老師
* 同學
* 朋友
* 鄰居
* 偶像
* 運動員
* 在意的人
* 討厭的人
* 欣賞的人
* 努力生活的人
* 充滿朝氣的人
* 看起來很悲傷的人
* 正能量滿滿的人
* 需要幫助的人
* 總是幫助他人的人

四、請問安如老師

請問安如老師：

如果我已經選好了要寫誰，

那我接下來該怎麼寫呢？

安如老師：

你如果完全不知道該怎麼下筆，就從外觀開始下筆喔！先寫出你看到他的第一印象，外表長什麼樣子呢？看起來很親切還是很凶呢？他為什麼會引起你的注意，一定是有原因的吧！請把你注意到他的原因寫出來，也就是寫出事件，記錄這個事件喔！這樣，我們讀者就能從事件中看出這個人的特色，以及經由你的描寫去感受到他是一個什麼樣子的人喔！

請問安如老師：

那還可以寫什麼呢？

安如老師：

你還可以寫出他是否跟你曾經有過任何互動，或是你看過他跟別人的相處情形，把你看到的記錄下來，以及為什麼會想記錄這件事，一定有原因的吧？

可能這件事讓你心中充滿感謝、感動，又也許是憤怒，覺得很不公平，都是很值得記錄的喔！

親愛的日記

【愛念經校長】吳守耀

站在司令臺上，嘴巴念念有詞的校長，就像是一顆大木魚，不斷地重複一樣的話。

今天，「愛念經」校長又在念經了，節奏井然有序，宛如一顆皮球被拍打的節奏。只要一到朝會，他就會開啟自動念經模式，讓人聽了忍不住睡著，但我想全世界的校長都是這樣吧！

【吉祥物校長】陳若瑀

今天，又是要開週會的日子！一樣還是要快點做完早自習的作業，並且還要聽從老師一句又一句的「快一點！快一點！」。整隊完來到地下室，平時一臉不情願的我們忽然變個人似，立刻精神滿滿。

原來是全校的明星級人物——校長，來到地下室！

校長一直是個開朗的人，即使每天早起在校門口等著我們並向我們問好，還是在假日開漫長的校務會議時，依然掛上有朝氣的笑容。

而在今天週會時，唱完國歌且頒完獎之後，馬上就到了「校長談話時間」，這時就是短暫的放鬆時間，因為校長常常會用不同的髮型，不同的衣裳及不一樣的口氣來逗樂我們，讓我們一整天都跟校長一樣有精神的學習。

校長平時與我們打招呼的背影就像一隻有動力的大玩偶，更是學校的招牌「吉祥物」，帶來許多的歡笑，吉祥物校長，有你真好！

【神祕的校長】劉韋彤

十一月一日，天氣晴

天空晴朗的今天，我馱著壓力山大的書包，身體彷彿變成了一座拱橋，十分狼狽地走向體育教室。同學們的嬉鬧聲緩緩將我昏昏沉沉的頭腦，從迷迷糊糊轉為清楚。

當我回過頭，自己已經站在教室的門前，右手握著球拍、左手拿著乒乓球，並大步地走進體育教室。一進教室，那耀眼的日光燈直直灑落在桌球桌上。兩旁興奮不已的同學，也正使出他們「長舌公、長舌婦」的招牌大舌頭，開始著一連串「只說不打」的桌球運動。

等到體育老師終於用九牛二虎之力，大聲蓋過同學的吵鬧聲後，桌球課程才拉開序幕。

而我則一如往常地走到第九張桌子，並開啟一連串無聊的雙打模式。

就在我原本以為這又是平淡無味的一堂桌球課時，有一個人，向我走來。

這時，他發出耀眼的光芒、彷彿自備電影主題曲的音效從身後響起，還用他一臉燦爛的笑容對著我，像是一位超級大英雄，要前來拯救我的桌球課，而那個人，正是——校長！

他緩緩向我們這組走來，手上拿著的球拍，就像是要拿來踢館的武器；看似外表和藹的笑容，卻帶有一絲奸詐的笑意。

校長就站在我們面前，我們這幾隻膽小的老鼠，則是站在挑戰者的一方。而我在猜拳過後，被派出來當「挑戰者第一棒」。我握緊球拍，緊張地差點屁滾尿流，在身體不停顫抖的情況下，發出了第一球。

當球緩慢地越過球網到達了校長的領地，沒想到「刷！」的一聲，球以迅雷不及掩耳的速度，從我的球拍旁快速掠過。好似在嘲笑我的無能，使我看清了校長的真面目以及他敏捷卻又凌厲的攻擊。

下次再遇上難以擊敗的對手，我一定會多多請教這位有著間諜的敏捷與忍者「不語」功力的神祕校長。

請對你親愛的日記寫下你的心情

親愛的日記：

安如老師開講

今天全校大掃除——〈大掃除〉

說到大掃除，這件事情根本躲不掉嘛！

學校學期末或是一開學，總要熱熱鬧鬧地展開一場浩浩蕩蕩的大掃除，好像學生沒有來一場「洗禮」就不能專心上課、開心學習。

然而，不是每個人天生的鼻腔都能適應灰塵的調皮，打掃時灰塵像隻精靈竄進鼻腔，光是噴出來的鼻涕就能重新「粉刷」牆面。

也不是每個人都能「看見」髒汙，因為大家的「清潔審美標準」本來就不一樣啊！有些人覺得這樣很乾淨了，有些人覺得這樣看起來根本是沒打掃過嘛！你一言我一句的，現場氣氛不是尷尬就是陷入「諜對諜」，懷疑彼此根本沒有認真打掃！

一場環境大掃除，有時還「走鐘」變成「心靈大掃除」，掃著掃著大家就開始「開炮抱怨」，一旦選擇「開戰」，大家可就毫不客氣的開始「對戰」，嘴裡發射「髒話子彈」，手裡抓著雞毛撢子；眼睛發射「憤怒雷射光」，手裡甩著「仍在滴水的馬桶刷」，大家誰也不讓誰的，火氣越開越大，總要有個「和事佬」出現，大聲喝斥：你們通通給我閉嘴！

馬桶刷和雞毛撢子與掃把抹布們，才紛紛回到自己的位置上……

說的是你遇到的狀況嗎？

如果不是，那我們轉換個場景來看看另一幅和樂融融的景象吧！

抹布正在溫柔的清潔窗戶，想把窗戶清潔得煥然一新，而掃把輕輕的撫慰著地板，將地上的小紙屑垃圾們，　　摟進畚箕的懷裡，你看！畚箕正溫柔帶著笑地看著地上的小垃圾們呢！

「刷刷刷！」馬桶刷勤奮地為馬桶梳洗，一直默默忍受著各式各樣「土石流」的馬桶，最期待的就是來一場沐浴，唯有沐浴，才能讓它常保芬芳。

在歡聲笑語之中，空氣裡原有的潮溼氣息與紛飛的灰塵都消失了，在大家的齊力合作之下，環境一掃原本的髒汙，好像換上新裝，看起來格外舒爽明亮。

大掃除，不僅僅是環境大掃除，還可以是心靈大掃除呢！

深吸一口氣，嗯！空氣特別清新！好似空氣裡盈溢著森林的芬多精呢！

請你想想看，在你的大掃除經驗裡，上演的哪一種場景呢？寫下來你的「打掃一日記」！

一、讀日記，學詞語

洗禮：1. 基督教及天主教的入教禮。原意為藉著受祝福後的聖水，洗去人的原罪。各教派的洗禮儀式和禮儀不盡相同。行禮時，施洗禮者口誦規定的禮文，有的將受洗者的全身或半身浸入水中，有的在受洗者的額上灑水或滴水，以表示淨洗。

例她昨天接受洗禮，正式成為基督教徒。

2. 比喻重大的鍛練或考驗。

例經過二年社會的洗禮，她變得更成熟、更能勇敢的面對各種逆境與挑戰。

清潔審美標準：在這篇引導文中指的是對乾淨程度的要求與標準。

尷尬：1. 不好意思、難為情。

例說話不經思考就脫口而出，常會造成尷尬的場面。

2. 處境困窘或事情棘手，難以應付。

例主席面對雙方提出的意見，顯得很尷尬，不知如何處理。

諜對諜：這邊指的是高手遇上高手。諜，指的是間諜，間諜都是受過訓練的，比我們平凡人還厲害；當高手遇上高手，這樣的關係或這樣的競爭絕對是更加激烈的。

走鐘：走鐘是指一個人已經失去原有一般社會上普世所遵循的行為準則，也就是常常做出「不正常」的行為。

心靈大掃除：大掃除指的是大規模、大範圍的打掃環境。而心靈大掃除則是指大規模的徹底打掃「心靈空間」，也就是掃除負面情緒，讓自己的「心靈空間」乾乾淨淨。

開炮：1. 發射炮彈。

例我海軍對侵入領海的不明船隻開炮示警。

2. 比喻嚴厲的批評。

例在釐清事情真相前，他從不隨便對人開炮抨擊。

開戰：原意指的是雙方開始戰鬥。

對戰：原意指的是兩軍對陣作戰。現在則指某些活動或運動雙方交鋒。

和事佬：替人調解爭端的人。

例老李是公司有名的和事佬，同事間一有爭執，就會想到找他解決。

二、如何寫出精彩，善用修辭法

1

總要熱熱鬧鬧地展開一場浩浩蕩蕩的大掃除。

類疊法

2

不是每個人天生的鼻腔都能適應灰塵的調皮。

轉化法

3

打掃時灰塵像隻精靈竄進鼻腔。

譬喻法

4

嘴裡發射「髒話子彈」，手裡抓著雞毛撢子；眼睛發射「憤怒雷射光」。

轉化法＋誇飾法

5

馬桶刷和雞毛撢子與掃把抹布們，才紛紛回到自己的位置上……

轉化法

6

掃把輕輕的撫慰著地板，將地上的小紙屑垃圾們，一一摟進畚箕的懷裡，你看！畚箕正溫柔帶著笑地看著地上的小垃圾們呢！

轉化法

7

「刷刷刷！」馬桶刷勤奮地為馬桶梳洗，一直默默忍受著各式各樣「土石流」的馬桶，最期待的就是來一場沐浴，唯有沐浴，才能讓它常保芬芳。

轉化法

三、日記素材庫

🌻 學校可以大掃除的空間 🌻

* 教室
* 走廊
* 圖書館
* 體育館
* 學校廁所
* 學校的公共區域
* 音樂教室
* 畫畫教室
* 學校的籃球場、遊戲區

🌻 家裡可以大掃除的空間 🌻

* 客廳
* 餐廳
* 廚房
* 臥室
* 浴室
* 車庫
* 倉庫

🌻 大掃除必備的工具 🌻

* 吸塵器
* 拖把
* 清潔劑和清潔用品
* 抹布和海綿
* 刷子
* 垃圾袋和垃圾桶
* 手套
* 水桶
* 掃帚和畚箕

大掃除時會有的情緒／感受／態度

* 輕鬆
* 幸福
* 輕鬆
* 明朗
* 迅速
* 滿足
* 有力
* 平靜
* 振奮
* 溫暖
* 開朗
* 有活力
* 充實
* 爽朗
* 安逸
* 完美
* 積極
* 輕快
* 溫馨
* 自在
* 安心
* 舒適
* 有節奏

大掃除前環境的狀態

* 混亂的
* 一塌糊塗的
* 破敗的
* 凌亂的
* 雜亂無章的
* 荒廢的
* 混亂無序的
* 混亂不堪的

大掃除後的環境狀態

* 清爽的
* 潔淨的
* 潔白的
* 明亮的
* 井然有序
* 清新的
* 整潔無比
* 煥然一新
* 舒適的
* 整齊的
* 美觀的

親愛的日記

【奇特的掃除之戰】戚安漩

今天打掃時間開始後，廣播器播出的不是「悅耳」的下課鐘聲，而是令人討厭的掃地音樂。同學們像小鳥一樣悠閒自在，拿起掃把、抹布等掃具，準備對各式各樣的灰塵、垃圾和髒汙全面開戰。

抹布輕盈地將窗戶上的髒汙抹去，當它看見髒汙們露出挫敗的神情時，反而相當得意，想讓它們改頭換面。而掃把們則將垃圾聚集到自己的懷中，再將垃圾送給它們的朋友——垃圾桶。這些小垃圾們被送進垃圾桶後，讓垃圾桶吃得心滿意足，才勉強放過剩餘的垃圾。今天，我不僅感受到了打掃的快樂，也讓掃具們感到了滿足！

【陽光下的打掃戰鬥】陳凱楨

今天是一個陽光普照的晴天，陽光包圍著努力打掃的我們，笑容與歡笑在大家的臉上綻放，快樂的大掃除時光就此開始。

學校的教室裡，同學們以掃具為武器，準備開始一場與灰塵、汙垢的戰役。我們先以掃把突破第一防線，可是灰塵總是翩翩起舞，在地上調皮地跳起華爾滋，我們花了九牛二虎之力才把灰塵消滅。接下來就要對付那些汙垢了，以前看地上都沒有那麼多汙漬，到了今天卻感覺格外骯髒。我拿著拖把努力進攻，黑色的汙垢像在嘲笑我的力氣過小，不屑地緊緊抓住地面。幸好到最後，我們終於戰勝了灰塵與汙垢大軍，我想這場戰役將永遠在我的記憶中留下烙印。

【一場掃具的戰爭】陳靖螢

今天是我們學校一年一度的大掃除，老師永遠都是一個老樣子——清潔隊隊長，而我們總像跟屁蟲一樣的跟在隊長的後面打掃，而那些頑皮的臭男生，永遠都搶先衝到廁所裡，拿出戰鬥的武器——馬桶刷，和其他人的「女巫掃把」、「飛鏢抹布」一起對戰，甚至拿起了自己帶的祕密武器——水槍，裝滿水後便衝向戰場一起加入戰爭，搞得廁所一片混亂，而我們的「清潔隊」可快多了，拖地、掃地、擦窗戶，伴隨著輕快的樂曲，才一節課就完成了大掃除工作，沒想到戰鬥團體卻還在打仗，令我們的「清潔隊隊長」忍不住破口大罵，才終於平息了這場戰爭，今天真是個有趣的一天哪！

請對你親愛的日記寫下你的心情

親愛的日記：

安如老師開講

今天又要上數學課——〈我最痛恨的一堂課〉

黑板上密密麻麻的數字符號，漂浮在黑板上，老師嘴巴滔滔不絕，講得一臉興奮，我卻聽了昏昏欲睡，覺得頭痛、耳朵癢、牙齒抖。

最令我恐懼的就是數學課了，所有的數字對我而言都是一道道的謎題，也是我無法解開的謎語，每次只要老師說要點人上臺解數學，我不是彎下腰綁鞋帶，就是低頭看地板，假裝尋找失蹤的文具，因為只要跟老師對上眼，絕對沒有好下場。

數學老師常常記不得人名，但每次只要跟他四目相交，就好像我們臉上都貼了名字一樣，老師馬上能大聲叫出名字！

萬一不幸被點到名字，被抓到站在黑板前真是尷尬到極點，等於全班同學冷眼看我好戲。尤其是當我解不出來，想轉身找人求救，向左邊轉，哎呀我的媽，一不小心跟老師對上眼，看到老師「賊賊」的臉，我就知道我這次根本又下不了臺階了；向右邊轉，只看到同學嘲諷的眼神搭配輕蔑的笑聲，我只好一隻手捏著粉筆，另一隻手抓頭表示我正在努力思考中。

一陣靜默，烏鴉不斷從我眼前飛過：啊！啊！啊！

就這樣時間滴滴答答的跑著，和我全身的冷汗比賽著，看是時間跑得快還是我的冷汗噴得多……就這樣，我在一陣噓聲中狼狽下臺，我……我恨死數學了！

啊哈，小朋友，上面就是安如老師的肺腑之言。

數學這項科目就是老師從小到大的惡夢，是我的心頭大患，是我的眼中釘，是我的掌中刺，是我的頭！皮！屑！

（就是那種你恨死了它的存在，然後你趕不走、揮不走，越搓越洗越冒越多……用錯洗髮精的下場就是這樣！學數學，用錯方法也是這樣！怎麼算，都不對！）

也許你正好與老師相反，是個喜歡數學熱愛數學的孩子，我相信這種同學超多的，因為每次我上課跟同學提到我最怕的就是數學時，幾乎全班學生都用力嘲笑我是個數學遜咖；但是班上還是有些同學跟安如老師一樣，怕數學怕得要死，放心，如果你也是這種怕數學的，你不寂寞，有安如老師墊底在最後，別怕！

求學的過程中我們總得面對不想面對的，學習不想學習的，而且國小國中沒得選，你基本上每一科都逃不掉，每一科都重要，但有時我們天分就是不在那兒，就像安如老師，算數學算到安如老師的媽媽敲我房門說：「女兒啊，你別算數學了，你每天花兩、三個小時只算一題數學，研究半天還算錯，我覺得你還是去念你拿手的科目，這樣比較有意義啊！」

也對，謝謝媽媽當年的先見之明，安如當下就轉頭看金庸小說，培育出堅強的說故事能力……

小朋友不要亂學，安如比較特別，對於數學真的特別笨，但安如堅信一位不願意具名的教授對我說的：「我們要用強項和他人競爭，而不是用短處和他人競爭。」這句話對我意義深遠呢！

從此我放棄了數學。

離題了！

小朋友真的不要亂學啦！剛剛是老師錯誤示範！錯誤示範！

但你可以好好思考一下，你最害怕、最恐懼的是哪一堂課，搞不好正是作文課呢！

如果你害怕、痛恨、抗拒，看著稿紙上永遠填不滿的空格，每寫完一個字，腦汁就要耗盡；你在稿紙迷宮裡遊走，分不清東南西北的方向，看不明白標點符號的指引，跨不過段與段之間的橋梁，更說不出你心裡真正想寫下來的文字。

因為你怕！

你怕你的想法被糾正，你怕你寫的不是老師想看的，不是媽媽爸爸喜歡的內容；你怕你辛辛苦苦使用你的小肌肉寫出的字歪歪扭扭，媽媽看了不滿意又擦掉；你怕這樣一來一回前功盡棄，你更恨你自己記不住那些方正文字的真正長相，正因如此，作文成了你的惡夢，成了你最痛恨的一堂課！

抱怨好累人！

換你了！把你的憤怒、不滿、痛恨，倒給生活垃圾桶——小日記吧！

一、讀日記，學詞語

密密麻麻：又多又密的樣子。

滔滔不絕：形容說話連續而不間斷。

昏昏欲睡：精神恍惚很想睡覺的樣子。

冷眼：冷靜、客觀的眼光。

滴滴答答：狀聲詞。形容水聲、馬蹄聲或鐘擺左右晃盪的聲音。

狼狽：1. 本指情勢窘迫，進退兩難。後亦比喻身心困頓疲乏。

例她提著大批行李趕路，卻遇到大雨，被淋得狼狽不堪。

2. 比喻彼此勾結，相倚為惡。

例狼狽為奸。

肺腑之言：發自內心的真話。

例我說的都是肺腑之言，請您務必相信。

心頭大患：心中特別要防備（要小心）的人或事物，因為可能帶來壞事或傷害。

眼中釘：比喻所痛恨的人。

掌中刺：比喻最令人痛恨、厭惡的人或事物。掌，手掌。掌中刺，手掌中的刺，讓人很想拔掉，因為會痛！

先見之明：能預先洞察事物的判斷力。
例好在我有先見之明，提早離場，才沒被困在散場的人潮裡。

指引：指示引導。
例導盲犬可以指引盲人正確的方向及位置。

前功盡棄：將以往辛苦建立的成果，全部廢棄。
例無論多苦，都要堅持下去，不可半途而廢，前功盡棄。

二、如何寫出精彩，善用修辭法

1

黑板上密密麻麻的數字符號，漂浮在黑板上，老師嘴巴滔滔不絕，講得一臉興奮，我卻聽了昏昏欲睡，覺得頭痛、耳朵癢、牙齒抖。

類疊法

2

所有的數字對我而言都是一道道的謎題。

譬喻法

3

數學老師常常記不得人名，但每次只要看臉，就好像我們臉上都貼了名字一樣，老師馬上能大聲叫出名字！

譬喻法

4

就這樣時間滴滴答答的跑著，和我全身的冷汗比賽著，看是時間跑得快還是我的冷汗噴得多。

擬人法

5

數學這項科目就是老師從小到大的惡夢，是我的心頭大患，是我的眼中釘，是我的掌中刺，是我的頭！皮！屑！

排比法＋譬喻法

6

每寫完一個字，腦汁就要耗盡。

誇飾法

7

你在稿紙迷宮裡遊走，分不清東南西北的方向，看不明白標點符號的指引，跨不過段與段之間的橋梁，更說不出你心裡真正想寫下來的文字。

象徵法＋排比法

三、日記素材庫

＊國語：國字筆畫很多，寫字很累，要背的東西太多、老師說話很無聊，上課讓人想睡覺。

＊作文：老師講話很無趣，規定一大堆，要把成語寫在作文裡，動不動就嫌我字寫太潦草。

＊數學：公式背不起來，題目看起來都好難，每次算數都算錯，老師會拿粉筆丟講話的同學，好凶！

＊社會：完全聽不懂，不知道要記這些內容做什麼，每次上課老師都亂罵人，一罵就是整堂課。

＊自然：感覺很無趣，老師講話像念經，眼睛也不看我們，看著課本一直念，聽課讓人好想睡。

＊體育：大太陽底下要跑操場真的很崩潰！熱翻天，上完戶外體育課都中暑了。

＊藝術：我是美勞白痴，我不會畫畫。

＊音樂：最討厭吹直笛了，竟然還有直笛考試！

四、請問安如老師

請問安如老師：

該怎麼寫開場啊？

安如老師：

　　一定有一堂課讓你上得很痛苦吧？那是哪一堂課程呢？

步驟一、可以先寫下來，每當要上到這堂課時，你的心情會如何呢？

步驟二、寫下來這堂課是怎麼上的，都上些什麼內容呢？是哪個部分讓你覺得痛苦？上課方式無聊？上課內容太難？老師太凶或是老師太嚴格？

步驟三、我們常常無法躲避不想上的那些課程，那就好好安慰自己，該用什麼樣的心態來面對這堂課程。

親愛的日記

【討厭的老師】丁〇真

今天是一個晴朗的好日子，我一如往常到補習班上課，雖然是星期天，卻不能睡到自然醒，我走進教室，見到了我在班上最好的朋友，心情好了一點點。

中堂下課時，主角登場了，討厭的老師把我和好朋友辛妮叫去，並且把我和她的座位調開，讓我們不能坐在一起，原因是他覺得我們太吵了，影響到他上課，我們都很生氣，但也不能做什麼。

下半堂課時，我一直悶悶不樂，根本無心聽課，我看了一眼正在想事情的辛妮，她也沒在上課，她現在離我好遠啊！

回到家，吃完飯，我心裡依然不開心，雖然表面上看不出和平常有什麼差別，但其實真想大罵髒話，唉！真是有苦說不出啊！

八月七日星期日

天氣晴

【可怕的游泳課】曹昕維

天下最難的科目肯定是游泳，游泳必須付出勇氣、意志力及體力，我最缺的就是勇氣。

每次當我要游出去時，我就會沉下去，人本來就渴望生存，幸好生存意志拉起了我，我非常痛恨、討厭游泳，因為游泳教練非常凶猛，就像一隻恐龍，動不動就對我大吼。

每當我上這堂課，我的心跳加速了十倍，就怕下一秒沉下去，我什麼科目都好，唯獨游泳不好，大家都學會游泳，只剩下我怎麼樣都學不會，我每天都在想著不要游泳了、不要游泳了，希望以後別再上游泳課，以免我得憂鬱症。

【我最痛恨的一堂課】劉韋彤

每到令人厭倦的「文法課」，我總會不禁深深地嘆息。

今天也是一樣，最後一節的文法課！「咳！」心中不禁又開始了一長串的抱怨……

好不容易撐到了第七節，身心俱疲，但腦中卻又不斷浮現出老師的無聊又做作的言語。

當鐘聲「叮噹！叮噹！」的響起，即使不想面對但根本無法逃離。

文法老師和平常一樣晚了七分鐘才進教室。當他走進來但根本還沒碰到講桌時，他的嘴巴又像連環炮一樣，不停的轟炸我的耳朵。他不時叫我們拿出課本，又時不時命令我們趴下。他柔媚卻噁心的言語，刺在我的耳中，也在我的腦海中無限循環著。那好像每一天的惡夢，一直不願意鬆手。

請對你親愛的日記寫下你的心情

親愛的日記：

安如老師
開講

今天是個熱鬧刺激的一天——〈運動會〉

十一月，秋高氣爽的好季節，偶爾涼快，偶爾悶熱，但都不像盛夏時那般炎熱，到了這個季節，各間學校便熱熱鬧鬧地輪流舉辦運動會。

你看！

校門口車水馬龍，擁擠不堪，馬路被長長的車陣塞得滿滿的，雖然到處擠得水泄不通，可是人人臉上卻洋溢著笑容，因為今天可是一年一度，重要的盛事——運動會！

我們先把鏡頭拉到運動場上。

運動場上，熱鬧非凡，五顏六色的班旗隨風展揚，看起來精神抖擻、蓄勢待發，準備一起大展身手。

你看到了嗎？

運動場上播放著充滿朝氣的動感樂曲，讓現場的每一顆心都隨之澎湃、雀躍。

而一個班級又一個班級的同學身穿華麗的表演服，氣勢昂揚的拉開序曲，武術表演、花式跳繩、啦啦隊表演、射箭，輪流上場，展開了超專業的表演，讓大家看得目瞪口呆！

你聽到了嗎？

「砰！」起步槍聲響起，選手們各個像子彈一樣快速向前噴射出去，他們面目猙獰，額頭、手臂的青筋全都浮現，而旁邊的觀眾則聲嘶力竭的為他們加油著！

雖然所有的聲音都混雜在一起，沒有人幫忙加油鼓勵的孤單跑者，聽到了這麼熱切的加油聲，內心的熱血也跟著被燃起，好似沒有拿到第一，就對不起這些免費的加油聲，於是，跑得更起勁、更快速了！

你感受到了嗎？

大會開始，各班級氣勢非凡，比賽可以輸，但絕對不能輸在氣勢，所以開場時每個班級先聲奪人，真的令人聞風喪膽，然後卯起來「輸人不輸陣」，一個班比一個班喊得更大聲；而進入各種競技賽時，大家更是摩拳擦掌、龍爭虎鬥，準備大展身手，當名次揭曉時，更是幾家歡樂幾家愁，有些班級一蹶不振，頹喪委靡，有些班級則歡欣鼓舞，齊聲歡呼。

而現在，則進入最溫馨感人的時刻了！

那正是：趣味競賽時間！

小孩滾大球、兩人三腳、傳球接龍，一項項趣味競賽考驗著大家的默契，場上一片和諧，沒有緊張的火藥味，也沒有針鋒相對的緊張，只有哈哈大笑聲和團結合作的熱血。

老師相信：

未來的日子裡，你可能會忘記運動會這天最精彩的一幕畫面，也可能會忘記自己曾在大隊接力賽中掉棒，更可能忘記名次揭曉時，和同學氣憤落淚相擁的畫面，但回憶會褪色，文字則會被留下，就請你把這一天的精彩，都收錄在你的日記本裡吧！

一、讀日記，學詞語

秋高氣爽：形容秋天天氣晴朗涼爽。

例秋高氣爽，正是郊遊踏青的好時節。

車水馬龍：形容車馬絡繹不絕的熱鬧景象。

擁擠不堪：指某個地方或場所因為人太多或物品太多而讓人感到非常擁擠、不舒服或不方便。

水泄不通：連水都無法流通。形容非常擁擠的樣子。

例花車遊行時，圍觀群眾將街道擠得水泄不通。

蓄勢待發：貯備隨時可以展現的實力，待機而發。

例運動會即將來臨，同學們個個摩拳擦掌，蓄勢待發。

大展身手：極力的展現技藝或特長。

例這次的兒童繪畫比賽，讓所有愛畫畫的小孩都有大展身手的機會。

目瞪口呆：形容因驚嚇或錯愕而神情呆滯的樣子。

例他被這場突如其來的車禍嚇得目瞪口呆。

聲嘶力竭：聲音嘶啞，力氣用盡。形容因喊叫過度而精疲力盡的樣子。

先聲奪人：比喻搶先以聲勢壓倒別人。

聞風喪膽：聽到一點消息就嚇破膽。形容極度恐懼。

卯起來：卯起來的意思是非常拚命、盡全力去做一件事。通常用在平常沒那麼認真，突然之間開始努力的情況。

輸人不輸陣：輸人不能輸氣勢，連氣勢都輸了，就是完全輸了，面子就完全沒有了。

摩拳擦掌：形容準備行動、躍躍欲試的樣子。

龍爭虎鬥：形容像巨龍和猛虎般地相互爭鬥。比喻勢均力敵的雙方，競爭激烈，難分高低。

幾家歡樂幾家愁：比喻人的際遇各不相同。遇到一些情況時，有些人開心，有些人則是傷心沮喪的。

一蹶不振：跌了一跤就再也站不起來。後比喻遭受挫折或失敗後，無法再振作恢復。

二、如何寫出精彩，善用修辭法

1

到了這個季節，各間學校便熱熱鬧鬧地輪流舉辦運動會。

擬人法

2

運動場上，熱鬧非凡，五顏六色的班旗隨風展揚，看起來精神抖擻、蓄勢待發，準備一起大展身手。

擬人法

3

選手們各個像子彈一樣快速向前噴射出去。

譬喻法

4

當名次揭曉時，更是幾家歡樂幾家愁，有些班級一蹶不振，頹喪委靡，有些班級則歡欣鼓舞，齊聲歡呼。

映襯法

5

回憶會褪色，文字則會被留下。

映襯法

三、日記素材庫

可以記錄的生活主題

* 園遊會
* 母親節活動
* 校慶
* 運動會
* 校外教學
* 姊妹校到訪
* 畢業旅行
* 聖誕節活動
* 兒童節活動
* 植樹節活動
* 愚人節活動
* 社團博覽會
* 校園音樂會

四、請問安如老師

請問安如老師：

我要怎麼寫「運動會」這種活動日記啊？我不知道一開始要怎麼寫。

安如老師：

別擔心，寫作最難的就是一開始下筆時的狀況，寫日記也是如此。

但你可以學會把要寫的內容區分成「前、中、後」的方式來寫作。

例如：要參加運動會前，一大早起床時，你的心情如何呢？

有的人很雀躍，因為他在這次的運動會可能要參加重要的項目。

他可能要參加大隊接力，也可能要參加兩

人三腳，或在運動會開幕時要出場表演，他一定是既期待又興奮，內心緊張不已。

但也有可能是什麼項目都不參加，因為討厭運動或是平常表現不佳，老師不派他上場，這樣的同學對於運動會可能就會覺得又累又折磨。

那你是哪一種呢？

想想看自己在參加前的情緒，並且把它寫下來。

請問安如老師：

那寫完「要參加運動會前」的感受之後呢？我不知道後面要寫什麼了。

安如老師：

接著你就可以寫下來，整個參加的過程中「眼睛看到、耳朵聽到、心裡感受到」的種種經過與感受了。

例如：你是觀賽，那你可以寫下你觀賽時「看到、聽到、感受到的」；又或者你就是參賽者，那你可以寫下參賽時的經過及感受，其實這樣就可以寫得很精彩，並記錄下你生命中的重要回憶！不是很划算嗎？

親愛的日記

【園遊會】游〇軒

今天，烈陽高照，學校裡的歡樂聲此起彼落，一踏入學校，就聽到了各個攤位的宣傳聲，因為今天是我們園遊會的好日子，操場上有各種攤位，有吃、有玩，還有各種市集。

炙熱的太陽把我晒得昏頭昏腦，我的口好渴，趕緊來買杯冰紅茶！喝下去的一瞬間，冰涼感跑向了我的全身，讓我更有活力；來到園遊會，也不能錯過各種遊戲，套圈圈、彈珠檯、籃球機……，尤其是彈珠檯，將彈珠彈出去的那一刻，我全身的壓力宛如被一顆小小的彈珠帶走，玩彈珠，真是個紓解壓力的好方法；當彈珠掉下來的那一刻，我目不轉睛地盯著它看，彷彿投入了全身的力量，在彈珠進洞的那一刻，我高聲尖叫：「我贏了！」結束後我贏得一隻小狗玩偶喜悅的離開。園遊會，有著和朋友聊天、吃東西的樂趣，令人念念不忘。

【園遊會】賴佳琦

當校長敲下了那一聲鐘響，所有的小學生都立刻站了起來，跑去了各個班級的攤位，今天就是我們的校慶園遊大會，一開始我和我的好朋友馬上跑去了「好吃果凍」的攤位，我們用禮券買百香果、草莓、水蜜桃這一些口味的果凍，我們吃得津津有味，接著我們跑向了 DIY 流體熊，做出了兩個五顏六色的流體熊，「啊！」那裡有我們一直很想要買的手帳本！即便那裡大排長龍，但是我們還是興高采烈的衝過去排隊。正當我們買完了手帳本以後，又目不轉睛地盯著好喝的水蜜桃果汁，因此我們快速地衝到那裡買了兩瓶水蜜桃果汁。

而今天最幸運的是當我看到了我非常喜愛的火漆印章時，我的好朋友竟然是攤位的主人！原本價值連城的它，變成了只要四十元的貨物，這真是令人心滿意足的一天，我很快地花完了所有禮券，所有的同學也都急急忙忙地回到教室分享今天的收穫了，這真是一次多采多姿的園遊會。

【社團博覽會】魏〇瑄

熱鬧的操場上傳出各種興奮和期待的聲響，今天就是一年一度的社團博覽會！每到期末，學校就會舉辦社團博覽會，各個社團都努力準備表演和攤位，都要在博覽會上大放異彩。隨著司儀宣布活動開始，第一個社團——舞蹈社的表演也隨之開始，進場音樂響起，是最近在網路上爆紅的韓國女團歌曲，看著他們熱情的舞動，就讓人忍不住想加入，在他們表演的最後一首歌結束後，第一場表演就到此結束，接下來表演的是高超的扯鈴，還有令人感到熱血的武術、刺激的足球比賽……

最後，等到表演結束後就可以去其他各式各樣的社團逛攤位，而我最期待的就是「手作點心」，一走進攤位就聞到香噴噴的甜點味，仔細觀察發現原來這裡擺滿了精緻的杯子蛋糕和餅乾，這兩樣美味的甜點早已成功地讓我垂涎三尺了。

「請各位同學回到原位」隨著廣播的響起，大家紛紛回到原位，把自己的攤位都收好後，這難忘又快樂的一天也隨之結束了，今天真是一個值得紀念的一天！

請對你親愛的日記寫下你的心情

親愛的日記：

安如老師開講

我們切八段吧！——〈我和朋友絕交了〉

秋天的橘紅色落葉被突如其來的金風捲起，翻飛至半空中，再飄忽的墜地……那樣的畫面，就如同友情，好的時候開開心心，可以一起罵退討厭鬼；不愉快的時候，友情又輕又薄，好像那秋葉，隨時都可以被風般的謠言吹起，然後黯然的墜落。

雖然是日記，但誰說日記一定要寫「當天發生的事」？

日記也可以寫「當天想起來的事情」呀！

那你今天想起來了嗎？

你跟朋友絕交的那件事。

這樣的事情在你心中，很可能你不想說也不願意說出口，因為說出口，就會顯得你很在意很在乎，你現在可能心裡想著：「誰說我在乎了？」沒有了這個朋友我還可以交新朋友啊！

你當然可以找到新朋友，可是你一定是因為某些原因才曾經跟他那麼要好吧！即使假裝不在乎對方的存在，但他確確實實曾出現在你的生活中，你的回憶裡也總是有他的參與。

回想一下絕交的那一天，事情是怎麼發生的？

有時候平常就已經累積了不少的不滿的情緒，而累積許久的情緒就像藏在火山底下的岩漿庫，累積了巨大的能量，然後一件小小的事情，就讓這股憤怒的能量衝破火山口，友情也就這樣徹底消失了……

絕交的那天，事件的導火線是什麼呢？壓垮駱駝的最後一根稻草，又是什麼事情呢？

再回想一下，當天你的眼神看起來如何？你的表情、你的動作，都可以詳細的寫出來。

對方的表情、動作，還有對方說的話，聽起來又如何？

當然很有可能，你們彼此根本沒有說出任何一句話，一語不發，彷彿沒看見彼此的存在，當時現場的氣溫降到冰點，你跟他，都在比賽：看誰的眼神比較冷，冷到像一場寒冬的冷雪。

然後，重點來了！

誰先開始的？

誰開口說要切八段絕交的？

就算是沒人開口說要切八段，那是誰，誰先啟動「冷漠的眼神」的呢？

你應該蠢蠢欲動很想寫下關於你和好朋友吵架或是冷戰甚至「切八段」的抱怨文吧？

現在，請你寫下來跟好朋友絕交的心情日記吧！

一、讀日記，學詞語

突如其來：形容出乎意料的突然到來或發生。

黯然：1. 陰暗無光的樣子。

例黯然失色。

2. 心神沮喪的樣子。

例提起那件傷心往事，她臉上一陣黯然。

導火線：1. 爆炸物內用來引起爆炸的引線。

例要使炸藥爆炸，必須先點燃導火線。

2. 比喻直接引起事件爆發的原因。

例第一次世界大戰的導火線，是奧國皇儲斐迪南夫婦的謀殺案。

壓垮駱駝的最後一根稻草：駱駝在不堪重負時，就算在牠身上再放一根稻草，駱駝也會被壓垮。指事情發展已經到了極限，再增加任何一點因素就會使之崩潰。

一語不發：一句話都沒說。

降到冰點：比喻事情發展的最低潮。又或是雙方的關係到了最糟糕的地步。

切八段：就是指兩個本來要好的人或是親人，因為某些原因，從此不再交往、說話，從此老死不相往來那個意思。

蠢蠢欲動：比喻人意圖搗亂、等待機會活動的模樣。
例看他們一副蠢蠢欲動的樣子，八成又要興風作浪。

二、如何寫出精彩，善用修辭法

1

友情又輕又薄，好像那秋葉，隨時都可以被風般的謠言吹起，然後黯然的墜落。

譬喻法

2

累積許久的情緒就像藏在火山底下的岩漿庫。

譬喻法

3

看誰的眼神比較冷，冷到像一場寒冬的冷雪。

譬喻法

三、日記素材庫

什麼原因會導致你跟朋友「切八段」呢？

1. 朋友常常欺負我或說我壞話。
2. 朋友不尊重我或我的家人。
3. 朋友常常不講道理。
4. 我們經常為了小事發生衝突。
5. 朋友常拿我的東西，但不肯還。
6. 朋友經常對我說謊或欺騙我。
7. 朋友經常背後說我壞話。
8. 朋友經常不尊重我的意見或想法。
9. 朋友經常在我需要幫助時不願意幫助我。
10. 朋友經常不守承諾。
11. 朋友經常對我發脾氣或大聲吼叫。
12. 朋友經常無法控制自己的情緒，對我發脾氣。
13. 我們經常發現彼此的興趣愛好不相同。
14. 有些朋友常常騙我或是欺負我，讓我覺得難過。
15. 有些朋友會經常要我做一些我不想做的事情，讓我感到壓力。

四、請問安如老師

請問安如老師：

要怎麼寫下這篇小日記啊，我不知道怎麼下筆。

安如老師：

寫小日記最重要的是寫出發生什麼事情以及當時的想法與心情，所以你可以一開始就先寫出今天的心情怎麼樣喔！接著再開始記錄到底發生了什麼事情呢。

步驟一、寫下今天的心情。

步驟二、記錄發生了什麼事情？你和朋友各自說了什麼話、做了什麼事情，讓兩人最後選擇絕交。

步驟三、對於和朋友絕交這件事，感覺如何？沮喪、難過，還是爆氣？

步驟四、接下來遇到對方，你打算怎麼對待他？假裝沒看到？還是故意出現在他面前但不主動跟他說話，看看他會不會主動跟你和好？

請對你親愛的日記寫下你的心情

安如老師幫你寫開場

親愛的日記：

今天，我坐在書桌前，寫下這些字句，心情十分沉重。因為今天我和好朋友絕交了。我不知道該怎麼形容我現在的感受，除了憤怒，我還有很多話想對他說，但因為是髒話，所以我忍住沒有說出口……

親愛的日記：

我今天心情很低落，我躺在床上，反覆想著今天發生的情景……

親愛的日記：

今天，我的心情像暴風雨一樣洶湧。因為我今天跟最好的朋友絕交了，我沒有跟他吵架，只是……

安如老師開講

今天謝謝工友伯伯的幫忙！——〈工友伯伯〉

一群同學圍著大樹喊加油，我逛了過去，站在最外圍，因為我也喜歡看熱鬧。

樹上窸窸窣窣，一顆羽毛球被丟了下來，現場歡聲雷動，不知道情況的人會誤以為大樹生下了一顆蛋！

拿到卡在樹上的羽毛球後，

同學一哄而散，然後我看到工友伯伯吃力的從樹上爬了下來，現場只剩下我。

我懂了，工友伯伯應該又是幫同學的忙，所以拖著一把老骨頭爬上樹，再吃力地從樹上爬下來。

但我沒聽到「謝謝」。

對，沒有人對工友伯伯說謝謝，同學拿到自己的羽毛球就離開了，連「謝謝」都沒留下。

工友伯伯看起來不以為意，汗水自額頭上滑落，他的衣服都溼了，吃力爬下樹的他，緩緩地離開了。

只要有同學在學校嘔吐，工友伯伯就會出場，將一盆土倒在嘔吐物上，再用掃把掃進畚箕裡；有時則是蹲下來，用抹布來回擦拭。

工友伯伯不嫌髒嗎？

同學經過時還大喊著：「好臭好臭！噁心！」

工友伯伯不覺得臭嗎？

掃除時間，最多笑鬧聲與尖叫聲的就是廁所了，雖然我們都會打掃廁所，但是遇到很恐怖的馬桶內容物，或看到馬桶「土石流」，我們就笑不出來了，這實在太噁心了，為什麼我們學校有「便便魔人」呢？為什麼他們要到處製造「土石流」災難呢？

為什麼我說「他『們』」強調「們」呢？

因為，凶手絕對不會只有一個！

你看那滿到溢出來的「量」， 這怎麼可能是一個小學生能夠辦到的呢？

你看他們在廁所裡的牆面上，到處留下的「咖啡色手印」，留下這些大小不一的手印，難道這廁所裡是有什麼「都市傳說」？是有什麼未解的謎題？還是這是誰留給我們的「暗號」？

（請注意！請注意！

身為一個經常被派去打掃廁所的清潔人員，我想呼籲大家：

廁所只能出現「大號」與「小號」。

並且請勿在廁所用大號與小號在牆壁上或地板上「做記號」或「留暗號」，謝謝配合！拜託拜託！）

但現場瀰漫的濃濃「屎味」，讓我們放棄了解謎，放棄了線索，放棄了找出凶手的念頭。

我們大家拋下馬桶刷、扔下水管，衝出「災難現場」，就在哀嚎聲四起的時候，遠處，一道強烈的光投射在眼前，澎湃激昂的音樂響起——是工友伯伯！他來了！

工友伯伯鎮定的拿著水桶和拖把，沒戴手套！

對！他真的沒戴手套！

工友伯伯沒在怕的！

小學生的廁所衛生就等著他來拯救維護了！

工友伯伯毫不畏懼的邁向災難現場。

臉上沒帶任何表情。

他的影子寫著：帥氣。

然後緩緩地、吃力地走進那間有著「海量便便的廁所」……

只見他俐落地拿起水管，沖向巨人的「便便山」，拿起拖把像是寫書法般的豪邁寫下「乾淨」兩個字。

便便魔人留下的災難，就被工友伯伯兩三下清潔得乾淨溜溜了。

躲在廁所門外的我們，在心裡對工友伯伯用力比讚，在心裡狂比愛心和「啾咪」，我們的內心好激動澎湃，我們人生得到拯救了！

可是，沒有人把謝謝說出口。

不知道為什麼，我們就是沒說。

工友伯伯就像平常那樣，臉上沒有太多的表情，沒有喜悅（誰會面對海量便便後還帶著笑容？）也沒有憤怒（如果是我，我絕對要找出便便魔人）。

他的表情很平靜、很平常，也很普通。

我們看著工友伯伯經過我們身邊，但大家一句謝謝都沒說。

就在那時，不知道為什麼，看著工友伯伯的背影，我忍不住了！我真的忍不住了！

我大聲的說：「伯伯謝謝你！」

工友伯伯突然停下腳步，回頭，笑著對我們揮了揮手。

那是我第一次看到工友伯伯的笑容。

他的臉被陽光籠罩著，散發出金黃色暖暖的光芒。

相信在你的生活之中，一定有這樣的一個人物存在吧！

不是你的親人、不是你的朋友、不是你的老師，他可能是一個和你沒有太多互動的人物，但他曾經幫助過你，或是他曾經做過什麼事情幫助過其他人，讓你打從心底感謝他、佩服他、尊敬他。

現在請你回想你生活中曾出現的這樣一個人物，寫下你對他的觀察與看法吧！

一、讀日記，學詞語

歡聲雷動：歡呼的聲音像雷響一樣。形容熱烈歡呼的場面。

一哄而散：人群在吵鬧中各自散去。

例警察一到，打架滋事的人便一哄而散。

都市傳說：在城市裡流傳的各種恐怖、神祕的故事。

做記號：當作標記的符號。

留暗號：在特定情況下以不明顯的方式進行溝通或暗示的行為。

二、如何寫出精彩，善用修辭法

1

不知道情況的人會誤以為大樹生下了一顆蛋！

擬人法

2

工友伯伯看起來不以為意，汗水自額頭上滑落，他的衣服都溼了，吃力爬下樹的他，緩緩地離開了。

視覺摹寫法

3

但是遇到很恐怖的馬桶內容物，或看到馬桶「土石流」，我們就笑不出來了，這實在太噁心了，為什麼我們學校有「便便魔人」呢？為什麼他們要到處製造「土石流」災難呢？

誇飾法

4

只見他俐落地拿起水管，沖向巨大的「便便山」，拿起拖把像是寫書法般的豪邁寫下「乾淨」兩個字。

誇飾法＋譬喻法

三、日記素材庫

記錄一位身邊的人

可以入題的對象

* 公車司機
* 捷運站站務人員
* 清潔人員
* 一個幫助過你或幫助過別人的陌生人
* 便利商店店員
* 導護媽媽
* 校護阿姨
* 志工媽媽
* 警察伯伯
* 消防隊隊員
* 附近的店家店員或老闆

想一個特定的人物

1. 他的身分
2. 他的外觀
3. 他跟你之間的關係
4. 他令你印象深刻的地方
5. 他常說的話
6. 你對他的感覺

有沒有很簡單？

很多人會寫不出來，是因為沒有特別注意或觀察身邊的人事物，很容易就會覺得自己沒有寫作題材。有時更因為只想應付了事，所以隨意挑了一個印象不深刻，或是根本沒感覺的人物來寫，自然就無法寫得有趣。

其實我們身邊有超級多人可以寫，就看你有沒有認真觀察過他們，如果沒有，也不要緊，從今天看到這篇小日記開始，想想看，有誰很值得你好好記錄他。

正面的人物形容詞

* 堅毅的	* 高挑的	* 甜美的
* 強壯的	* 苗條的	* 自然的
* 迷人的	* 健康的	* 陽光開朗
* 優秀的	* 迷人的	* 笑容可掬
* 優雅的	* 自信的	* 熱情洋溢
* 精緻的	* 溫柔的	* 神采奕奕

較為負面的人物形容詞

* 僵硬的
* 疲憊的
* 沉重的
* 疲倦的
* 蒼白的
* 無神的
* 憂鬱的
* 遲鈍的
* 嚴肅的
* 冷漠的
* 無奈的
* 嚴厲的
* 冷冰冰的
* 冷酷的
* 沉默的
* 蒼白如紙
* 憔悴的
* 呆滯的
* 沉默寡言
* 疲憊不堪
* 陰晴不定
* 喜怒無常

四、請問安如老師

請問安如老師：

如果我已經選好了要寫誰，那我接下來該怎麼寫呢？

安如老師：

你如果完全不知道該怎麼下筆，就從外觀開始下筆喔！先寫出你看到他的第一印象，外表長什麼樣子呢？看起來很親切還是很凶呢？他為什麼會引起你的注意，一定是有原因的吧！請把你注意到他的原因寫出來，也就是寫出事件，記錄這個事件喔！這樣，我們讀者就能從事件中看出這個人的特色，以及經由你的描寫去感受到他是一個什麼樣子的人喔！

請問安如老師：

那還可以寫什麼呢？

安如老師：

你還可以寫出他是否跟你曾經有過任何互動，或是你看過他跟別人的相處情形，把你看到的記錄下來，以及為什麼會想記錄這件事，一定有原因的吧？

可能這件事讓你心中充滿感謝、感動，又也許是憤怒，覺得很不公平，都是很值得記錄的喔！

親愛的日記

【工友伯伯】徐睿陽

今天掃地時間到了！我和同學一起拿著掃把和畚箕，抱著失望的心情，走出教室，吹著寒風，準備到大樹下清除落葉。我們掃，它們飛，樹葉總是不聽使喚地跑，害我們耗費的心力都成了一場空。「齁！氣死我了！」只見沒戴手套的工友伯伯，拖著笨重的拖車，問：「需不需要幫忙？」我們異口同聲的說：「要！樹葉一直飛，根本掃不進去嘛！」工友伯伯聽到後，就把水潑在樹葉上，再用倒刺的方式，把樹葉刺進畚箕內，雖然大家都心懷感謝，但是，還是沒人說出口。但我猜，他也應該感受到我們對他的感謝了吧！只見他揮手致意，拉著笨重的拖車，踩著沉重的步伐，繼續前行。

【偉大的導護伯伯】陳莞欣

今天，我突然想起我們學校的導護伯伯……

在冷冷的冬天裡，導護伯伯總是像一座孤零零的雕像一樣，永遠站在門口，保護著我們。

雖然導護伯伯總是常常破口大罵一群闖紅燈的小學生，或是一些明明已經紅燈了卻硬要闖過去的司機，不過他從不嫌累，從不嫌煩，就算他大罵我們，我也知道他是為我們好。

就在那一次，我走在馬路上，那是一個炎炎夏日，導護伯伯的眼睛幾乎快被陽光刺到睜不開了，不過他仍然站在大太陽底下繼續導護同學們過馬路。

就在太陽灑下來正刺眼的那一刻，一臺車子急速地往我這兒以飆車的速度衝刺過來，在我還來不及反應的瞬間，只聽見了導護伯伯的哨子急急傳出了「嗶嗶！」的聲響，車子立刻緊急停了下來，我看著偉大的導護伯伯，對他大聲的說：「謝謝導護伯伯，您最偉大了！」

請對你親愛的日記寫下你的心情

親愛的日記：

第 2 單元

小日子的滋味

安如老師開講

今天換我來下廚！——〈小廚師〉

想想看，每次看媽媽或阿嬤在廚房忙進忙出、揮汗如雨，「雨」還下到鍋子裡，是不是讓你也很想幫她們撐把傘或遞上一條毛巾呢？

啊！歪樓。

是不是讓你也很想當個「一日小廚師」大展身手一番？

如果今天讓你當一日小廚師，你想做哪一道料理呢？

小日記的內容你可以這樣寫：

今天換我掌杓，掌管廚房。

我打算一展長才，使出我的拿手絕活：

泡！麵！

然後寫下你的「料理步驟」：

一、拿出鍋子。

二、加上熱水。

三、撕開泡麵包裝。

四、把泡麵丟下鍋。

五、幸災樂禍在一旁看著泡麵溺水、載浮載沉。

六、等到泡麵不掙扎後，尚存一絲氣息時，將醬料以豪邁的姿態「淋」在已經虛脫的泡麵身上。

七、拿出一顆蛋。

八、搖一搖、甩一甩，看看裡面有沒有小雞。

九、為了確保安全，不會打出一隻雞，還是把蛋敲破吧！

十、確認無誤，打開蛋殼後，裡面沒有小雞。

十一、面帶笑容，看著蛋滾下鍋。

十二、將火開到最大。

十三、拿出手機拍下鍋裡，蛋花沸騰盛放成煙花，與麵條上演一場華麗的歌舞秀。

十四、熄火，將泡麵倒進碗裡。

十五、吃了它。

一日小廚師，下臺一鞠躬。

一、讀日記，學詞語

揮汗如雨：抹掉的汗水如同下雨一般。形容流很多汗。

例頂著大太陽工作，每個人都揮汗如雨。

歪樓：字面意思：「歪斜的樓房」，指網友在留言區進行討論時，由原來的主題換成另一個主題討論、離題的狀況。

大展身手：極力的展現技藝或特長。

例這次的兒童繪畫比賽，讓所有愛畫畫的小孩都有大展身手的機會。

一番：一種、一回、一次。

例每次上學之前，哥哥都會檢查一番他帶的東西才放心。

一展長才：人能發揮其特有的才能。

拿手絕活：最擅長的技藝或本領。

載浮載沉：忽浮忽沉。形容隨著環境浮動，起落不定。也作「載沉載浮」。

豪邁：氣度寬廣、性情豪放。

二、如何寫出精彩，美味料理關鍵字

關於飲食的成語

齒頰留香	大快朵頤
津津有味	飢腸轆轆
食指大動	垂涎三尺

關於菜色

速食	葷食	山珍海味	家常便飯
素食	輕食	滿漢全席	粗茶淡飯

關於烹飪方式

煎	燉	炭烤	烘焙
煮	蒸	焗烤	烹調
炒	燜煮	爆香	野炊
炸	熬煮	勾芡	大火快炒
滷	清蒸	醃漬	沖泡

關於滋味

香甜	嗆鼻	濃郁	沁涼暢快
鮮甜	痲辣	甜膩膩	酸酸甜甜
甘甜	腥臭	酸溜溜	酸酸澀澀
可口	腥羶	香噴噴	鹹鹹辣辣
微酸	腐臭	香氣四溢	
苦澀	刺鼻	臭氣沖天	
辛辣	沁涼	甜而不膩	

關於口感

多汁	有嚼勁	鬆軟	彈牙
乾柴	入口即化	薄脆	外酥內嫩
鮮嫩	溫熱	香脆	爽口
軟嫩	燙口	酥脆	冰冰涼涼
滑嫩	苦澀	Q 彈	嚼勁
油膩	爽脆	爆漿	飽滿綿密
綿密	清淡	黏牙	濃稠

三、日記素材庫

一日小廚師，拿手好菜

基本款

* 煎一顆荷包蛋
* 燙青菜
* 泡一碗泡麵
* 下水餃
* 烤吐司
* 烤比薩
* 烘焙餅乾
* 烘焙蛋糕

進階版

* 炒一盤蛋炒飯
* 滷一鍋滷蛋
* 螞蟻上樹
* 麻婆豆腐
* 番茄炒蛋
* 肉絲炒青椒
* 家常炒青菜
* 紅燒肉
* 清蒸魚
* 蔥爆牛肉
* 酸辣湯
* 紅燒燉牛肉
* 義大利麵

四、請問安如老師

請問安如老師：

要怎麼寫出「一日小廚師」的日記呢？

安如老師：

首先你可以先寫出為什麼今天要下廚當一日小廚師的原因，是媽媽邀請你一起烹飪，還是自己心血來潮很想試試看，又或是因為沒有人為你準備餐點，所以自己不得不親自上場擔當小廚師大展身手？

請問安如老師：

那我接下來可以寫什麼呢？

安如老師：

接下來就可以寫出你做的「料理名稱」，而準備這道料理需要準備哪些食材呢？

然後你就可以寫出你料理這道菜的過程了，如果在烹飪的過程中遇到了困難，例如：沒有掌握好時間，烤焦了，煮過頭把食材煮爛了，時間沒控制好就起鍋結果發現肉還是生的（噁），這些都是最值得記錄並且寫進你的日記中的「好題材」，然後接著寫出「如何解決、突破」這些困難，以及最後完成這道料理，品嘗起來的滋味如何呢？ 最後再寫出你的心情感想，這樣就是很棒的一篇小日記囉！

請對你親愛的日記寫下你的心情

安如老師幫你寫開場

親愛的日記：

今天我要當一天的小廚師！我已經準備好了所有需要的食材和烹飪工具，等待著開始烹飪的時刻！

首先……

親愛的日記：

今天媽媽說換我來下廚了！我馬上興奮地跑去廚房，決心要煮出最好吃的菜餚！

首先……

親愛的日記：

今天，我有個超級特別的任務，就是換我來下廚！穿上媽媽的大圍裙，我感覺自己像個真正的廚師一樣！

首先……

安如老師開講

今天很不舒服——〈生病〉

「哈啾！哈啾！」

一早起床時，你就像隻啄木鳥，不斷地向空氣點頭、點頭，然後發出「哈啾！哈啾！」的叫聲。

到了學校，不知道從什麼時候開始的，只覺得好熱好熱，狂冒汗，但你有所不知的是：你正在冒冷汗！

上課時，老師一直看向你，提醒你別趴著，但你只覺得：頭好重啊，老師為什麼在臺上亂搖亂晃呢？看得你都頭暈了。

你有所不知的是：老師可沒亂搖亂晃，是你正在頭暈。

下課時，同學們都像瞬間被解放到叢林裡暴動的大猩猩，晃著盪著衝出教室外，占領籃球框！征服盪鞦韆！掠奪溜滑梯！

吆喝聲、嬉鬧聲、大笑聲以及專屬於大猩猩的搥胸咆哮聲。

你一點也不心動。

你只覺得好想叫他們通通「閉嘴」。

你的耳朵根本無法容忍任何噪音，每一陣笑鬧聲，只讓你冷汗冒得更多，更覺得自己臉燙燙的，噁心的感覺像海浪一波一波拍打過來，即將翻越堤防，從你嘴裡湧出來。

你越來越不耐煩，但你還是繼續忍耐。

你忍住不說的原因就這幾個：

第一、老師有點凶，怕被老師說你裝病。

第二、爸媽上班不在家，體貼的你不想讓爸媽還得請假接你回家。

第三、怕自己跟老師說的時候，全班同學注意到看起來悽慘外加全身冷汗的你，覺得有點丟臉，所以你忍，你覺得你可以忍。

然後你繼續忍。

時間來到了中午午餐時間。

平常這時候的你最興奮了，最喜歡「開箱」午餐，不知道今天的午餐會帶來驚喜還是驚嚇。

但今天很不同，即使飯菜飄香，但你完全沒有任何食慾，你只想趴著。

而沒有任何人發現你的不對勁，也沒有任何人來關心。

而你現在腸胃絞痛，其實你也不確定是腸子還是胃，但反正上半身趴在桌上的你，擠壓的腹部感覺很不舒服。

你不確定自己到底想不想拉肚子，但你可以忍。

你繼續忍。

你什麼都沒吃。

你繼續趴在桌上。

就這樣呼嚕嚕的睡了一個午覺，直到上課鐘聲響起，旁邊的同學推了推你，跟你說：「老師叫你不要再趴著了。」

你昏昏沉沉抬起頭，用手托住你燙燙熱熱的臉，迷迷糊糊間好像看到老師惡狠狠的看著你，要你別再睡了。

老師沒有看出來你有多不舒服。

你自己也不確定自己到底有多不舒服。

你開始感覺到吞口水時，喉嚨像被刀割一般的痛，但太痛了，你並不想說話。

你繼續忍，反正快要回家了。

下午的幾堂課，你都撐著，一下子請左手幫忙撐住你的大頭，一下子請右手托住你的下巴。

黑板上的字看起來很模糊。

老師的聲音聽起來則像是從遠方飄過來的聲音，很遠很遠，很不清楚。

左手右手都痠了，它們再也撐不住、托不了你的大頭了；胃裡噁心的感覺像是醞釀很久的海底火山，即將噴發；一波又一波拍打過來的海浪沖破了堤防，翻越了出來……

你吐了。

就在你嘔吐時，迷迷糊糊的瞬間，你看見老師那張熟悉的臉，拿著袋子衝向你，就像要捕捉一隻蝴蝶那樣的，向前撲了過來⋯⋯

接住了。

老師就像棒球捕手那樣，接住了你的嘔吐物。

你的心熱熱暖暖的，就像你的胃跟你的喉嚨那樣，熱熱暖暖的。

嘔吐物也熱熱暖暖的，在老師的手心裡。

老師不只是接住了你的嘔吐物，也接住了不舒服，正在生病的你。

你用眼神寫著大大的幾個字：謝謝老師！老師我愛你！

可惜，老師手忙腳亂，沒有注意到你眼神那麼用力的寫出那幾個字。

日記不只記錄精彩，也記錄生活中的不愉快。

生病，就是眾多不愉快的回憶中的其中一個片段，現在，換你寫下來。

一、讀日記，學詞語

堤防：在岸邊、港口以土、石等堆築成的建築物。有防止洪水氾濫、波浪侵蝕或泥沙淤積等作用。

例縣府決定加高沿海低窪地的堤防，以防海水倒灌。

悽慘：悲哀慘痛。

二、如何寫出精彩，善用修辭法

1

一早起床時，你就像隻啄木鳥，不斷地向空氣點頭、點頭，然後發出「哈啾！哈啾！」的叫聲。

譬喻法＋類疊法＋聽覺摹寫法

2

下課時，同學們都像瞬間被解放到叢林裡暴動的大猩猩。

譬喻法

3

占領籃球框！征服盪鞦韆！掠奪溜滑梯！

排比法

4

噁心的感覺像海浪一波一波拍打過來，即將翻越堤防，從你嘴裡湧出來。

譬喻法

5

你昏昏沉沉抬起頭，用手托住你燙燙熱熱的臉，迷迷糊糊間好像看到老師惡狠狠的看著你，要你別再睡了。

類疊法＋摹寫法

6

喉嚨像被刀割一般的痛。

譬喻法

7

老師的聲音聽起來則像是從遠方飄過來的聲音，很遠很遠，很不清楚。

譬喻法＋類疊法

8

胃裡噁心的感覺像是醞釀很久的海底火山，即將噴發。

譬喻法

9

你看見老師那張熟悉的臉，拿著袋子衝向你，就像要捕捉一隻蝴蝶那樣的，向前撲了過來……

譬喻法

10

老師就像棒球捕手那樣，接住了你的嘔吐物。

譬喻法

11

你的心熱熱暖暖的，就像你的胃跟你的喉嚨那樣，熱熱暖暖的。

譬喻法

三、日記素材庫

1. 感冒
2. 發燒
3. 咳嗽
4. 腹瀉
5. 頭痛
6. 牙痛
7. 肚子痛
8. 流感
9. 鼻塞
10. 嘔吐
11. 暈眩
12. 全身無力
13. 冒冷汗
14. 身體疼痛
15. 心臟痛
16. 眼睛痛
17. 鼻子吸不到氣
18. 耳朵裡面很痛
19. 狂打噴嚏
20. 不停流鼻水

四、請問安如老師

請問安如老師：

這篇小日記要怎麼寫開場呢？

安如老師：

步驟一、首先你可以先寫出今天一整天感覺自己不太對勁，不舒服的感覺。

步驟二、接下來開始描述症狀，而你人在學校還是家裡呢？又或者是參加什麼活動卻感覺到自己不舒服呢？

步驟三、把這痛苦煎熬的過程寫下來吧，並且寫後來有沒有人「解救」了你呢？

步驟四、並且寫下來，因為這次的生病，讓你錯過了什麼事情，是錯過好玩又有趣的事情，還是很高興因為生病而能躲避你最不想面對的事情，例如「考試」或「上臺報告」這些事情呢？

步驟五、最後，記得寫下來感想，因為是小日記嘛，除了寫下發生什麼事情，一定也要記錄一下自己當時的心情喔！

親愛的日記

【頭痛的那件事】王禹心

今天下午，我的頭突然痛了起來，像極了一百公斤的鐵棍在敲我的頭，我也像極了不小心撞到電線竿的麻雀，一到夏天就會這樣，我真的無法理解，是我用功讀書給我的頭灌滿了智慧，它怎麼可以這樣鬧脾氣？

「到底為什麼這樣對我！」我很想對我的頭大發雷霆，不過這樣會讓我更像個瘋子，我打消了念頭，走向額溫槍，迷迷糊糊中，我不清楚自己撞到多少人，被罵多少次神經病，終於，我看見了額溫槍，我立刻拿起它，讓它感受我額頭的溫度。

「嗶嗶！」我發燒了，我露出快樂的微笑。

太好了！可以被接回家吹冷氣了！

【生病就算了，還很衰】王婕伃

今天一早，媽媽打開了像太陽般刺眼的燈，一邊說著：「起床囉！」我像往常一樣，昏昏沉沉的走下床，換了衣服，到廁所洗漱。這時我才發現：為什麼明明已經洗臉了，我還是這麼沒精神呢？平常我應該洗完臉就恢復精神了呀……我心想：會不會我生病了？可能性很大！

因為昨天我吞口水時，喉嚨就像被刀割了那麼的痛。唉……今天可不能請假，有英文聽力和寫作的期末考試，先不要跟媽媽說好了，就撐一天吧！我可以的。

結果我好不容易走到教室後才發現：今天要考超多科目！我心想：「我真衰啊！」

第一節考數學，第二節考英文，第三節考社會……就這樣我撐到了放學。回家後：

第一件事：吃感冒藥。

第二件事：寫功課。

第三件事：泡熱水澡。

最後一件事：睡覺！

2023 年 12 月 28 日超級衰的一整天

【確診】鄭伊紋

一早起床，喉嚨便不停地咳嗽，像一片沙漠般乾燥，彷彿對我發出警報，告訴我喉嚨缺水了！

在去學校的路上，我不停地冒冷汗，彷彿一把火在燃燒我的身體，讓我感覺像泡在溫泉裡一樣。到了教室後，我不斷點頭，同學以為我在打瞌睡。上課鐘響了，我的鼻涕越來越失控，像瀑布一樣湧出，令我手足無措。下課後，教室從寧靜的圖書館轉變成吵雜的菜市場，我雙手摀住耳朵，視線卻越來越模糊，頭暈暈的，只感覺昏昏沉沉，腦袋一片空白，什麼都聽不進去。

午休時，我全身感到痠痛，臉頰不停地發紅，體溫也不斷上升，肚子也感覺到劇烈的疼痛。最後，在腸胃的催促下，我一下子就將所有的食物吐了出來。結束一切後，我終於被送回家了。

請對你親愛的日記寫下你的心情

安如老師幫你寫開場

親愛的日記：

　　今天早上我醒來時，喉嚨感覺有點疼痛，就像是有一團小雲朵在那裡飄蕩……

親愛的日記：

今天早上，當我醒來時，我發現我的鼻子塞住了，而且喉嚨很癢，像是有千百隻螞蟻擠在我的喉嚨裡爬上爬下……

安如老師開講

今天陪媽媽逛菜市場——〈菜市場驚魂記〉

對婆婆媽媽而言，逛逛菜市場可以撿到便宜，充滿了樂趣。但對某些小朋友來說，逛菜市場簡直是恐怖地獄走一圈，驚悚程度不輸看恐怖片。

話說，當你還興味盎然，蹦蹦跳跳的跟著媽媽逛進菜市場裡，聽到小販叫賣聲此起彼落，好不熱鬧啊！

媽媽東摸摸、西看看，和攤商一來一回講價錢的樣子好威風，覺得媽媽真是高手，買顆高麗菜還輕輕鬆鬆贏了一兩根蔥！

假日早晨的菜市場有著各種新穎的商品，讓人忍不住靠過去多看幾眼。

而且窄小的街道上人來人往的，摩肩擦踵，擠得亂七八糟特別有意思，走入一個假日菜市場彷彿要辦年貨那樣精彩。你也逛得驚奇連連，笑容蕩漾在嘴邊。媽媽買得心滿意足後，拉了你拐個彎，走進了一條通道。還沒走進去迎面撲來一股腥氣，好臭啊！

你都還沒反應過來現在是什麼狀況時，

登登登登！

一個大豬頭！

對，就是一隻豬的頭就擺放在攤商檯面上！

還面對著你！

阿彌陀佛！哈雷路亞！阿門！觀世音菩薩救救我！

被媽媽拖著走的你，感覺到腳被地板的水噴濺到了！低頭一看，好恐怖，地板好髒都是血水！

你開始閉氣，不敢呼吸，然後因為憋氣太久結果開始大口喘氣，每一次的呼吸都為你的鼻腔帶來新考驗！

天啊，這到底是什麼恐怖的地方？

你瞇著眼睛不敢看清楚，但人生沒有給你那麼多選擇，媽媽拖著你走，你也只能走上媽媽指定的道路……

前方兩側攤販檯面上，右邊一排魚的屍體，大魚、小魚、章魚、廚餘，通通睜大眼睛看向天花板，感覺案情不單純冤氣好重，一整排的死不瞑目，看了怵目驚心。

左邊一堆牛、羊、豬的頭與身體的各個部位，排排放得好整齊，連腸子都繞了好幾圈一坨坨排列。

你只覺得反胃，有一種噁心的感覺，想吐，不僅是前方有動物們的屍體，各家攤商棚子上還懸掛展示各種動物的部位。

你從一開始的喜悅興奮轉為恐懼不安，只想快速離開這充滿血腥味的動物墳場。而媽媽卻還悠哉悠哉的停留在賣魚的攤前，對著一條睜大眼珠子的魚，翻來撿去，跟魚老闆說：「我要這條，幫我把魚鱗刮乾淨！」

只見魚老闆動作迅速又俐落，以抓癢的速度快速把魚鱗刮除，看著銀閃閃的魚鱗一片片被刮下，在充滿血與髒汙的地板上堆積成一座小雪堆。

飽受視覺衝擊的你，當時應該很想吶喊：

這不是菜市場！這是動物屠宰場！

這不是菜市場！這是動物墳場！

老師唯一能告訴你的是：「小朋友，恭喜你答對了！」

你小小的心靈應該蒙上了一點陰影，揮之不去，圍繞在你每一天的夢裡，大概需要幾個月才能忘記，但又或者其實也不需要那麼久，因為——

香噴噴牛排端上桌的那瞬間你就可以洗掉那場記憶了。

開動！

換你寫下你的一日驚魂記！

一、讀日記，學詞語

驚悚：1. 恐懼、害怕。

例 歷經海嘯劫難的生還者，事後仍驚悚不已，心有餘悸。

2. 可怕、恐怖。

例 他明明膽子很小，卻又超愛看驚悚片。

興味盎然：興趣很高昂的樣子。

例 他興味盎然的看著地上的螞蟻，把自己想像成其中的一員。

此起彼落：這裡起來，那裡落下。形容連續不斷。

例 過年時鞭炮聲此起彼落，好不熱鬧。

摩肩擦踵：踵，腳跟。摩肩擦踵指肩摩肩，腳碰腳。形容人多擁擠的樣子。

例 一到連續假期，各風景區總是摩肩擦踵，人潮不斷。

死不瞑目：指人抱恨而死，心有未甘。

怵目驚心：駭人眼目，驚恐人心。形容可怕的情景。

悠哉：悠閒自在的樣子。

視覺衝擊：就是運用視覺藝術，使人的視覺感官受到深刻影響，能給人留下深刻印象。但在這裡是指負面的視覺感受，讓人看了有巨大的「陰影」。

吶喊：高聲叫喊。

二、如何寫出精彩，善用修辭法

1

媽媽東摸摸、西看看，和攤商一來一回講價錢的樣子好威風。

類疊法

2

走入一個假日菜市場彷彿要辦年貨那樣精彩。

譬喻法

3

還沒走進去迎面撲來一股腥氣，好臭啊！

嗅覺摹寫法

4

只見魚老闆動作迅速又俐落，以抓癢的速度快速把魚鱗刮除。

譬喻法

5

看著銀閃閃的魚鱗一片片被刮下。

類疊法＋摹寫法

6

在充滿血與髒汙的地板上堆積成一座小雪堆。

譬喻法

三、日記素材庫

生活中一定有很多的驚魂記，例如

* 雲霄飛車驚魂記
* 校園跌倒事件驚魂記
* 迷路驚魂記
* 出國驚魂記
* 捷運驚魂記
* 校外教學驚魂記
* 實驗室驚魂記
* 課堂上突然被老師點名回答問題的驚魂記
* 在操場上玩耍時意外被球擊中的驚魂記
* 一場突如其來的大雨卻沒有帶雨具的驚魂記
* 錯過公車／校車驚魂記
* 蟲蟲危機驚魂記
* 打翻水壺驚魂記
* 發現自己忘記帶作業的驚魂記

太多事件可以寫了，所以你可以想想看，OO 驚魂記，你要在 OO 裡填上哪場事件呢？

注意，OO 不限制字數喔！

四、請問安如老師

請問安如老師：

要怎麼寫「OO 驚魂記」呢？

什麼事情都可以嗎？

安如老師：

步驟一、記錄一場驚魂記，你曾經發生過什麼事情，讓你驚魂未定，想起來餘悸猶存，覺得好可怕啊？

步驟二、請你寫下來整個被嚇到的過程，越多形容詞描寫你所看到、聽到、感受到的，這樣可以讓自己更詳細的記錄當時的感受，並運用摹寫修辭法，小日記讀起來將會使人覺得身歷其境，好像跟著你一起歷經一場奇幻冒險喔！

親愛的日記

【校外教學驚魂記】童彥晴

「啦！啦！啦！」遊覽車上播放著令人熱血沸騰的動感歌曲，讓大家更加期待今天的校外教學——宜蘭傳藝中心之旅！

「登登登登！」終於到達目的地了，我們好似一隻隻失控的小白兔，衝出大獅子——遊覽車的「懷抱」，蹦蹦跳跳地跑進中庭裡，馬上開始了手作活動，發下材料包後，我定睛一看，「啊——」我的尖叫聲迴盪在中庭裡。材料包裡有一隻血肉模糊的死蚊子！等等！牠好像還沒死！牠顫抖地舉起手，對我揮了揮，嘴角居然勾起一抹詭異微笑，把我嚇得魂不附體、六神無主，所幸我英勇的好友——「王魯肉」衝過來把牠一巴掌打死，我才不至於昏倒在地！

雖然校外教學之後的行程都很完美，但只要一想到殭屍蚊子事件，就會使我驚魂未定，腦海的畫面揮之不去，真希望能洗刷掉這場可怕的記憶！

但是，今天依舊很美好！

【夜晚驚魂記】鄭棠心

今天是個恐怖的夜晚，讓原本寧靜的晚上變成一場恐怖片，至今回想起我仍心有餘悸。

睡覺時，我躺在床上翻來覆去，根本睡不著。這時，我從床上起身，在黑暗的房間裡來回踱步。拿著夜燈，在周圍照一照、晃一晃。

突然間，我看見櫃子上有一團黑影。再靠近看清楚點，竟然是一隻毛茸茸的大、蜘、蛛！

「啊——！」我嚇得尖叫，丟下夜燈，開門，跑出去找爸爸。

幸好，蜘蛛最後被爸爸「暗殺」成功，我終於可以安心睡覺，結束我的驚魂之夜。願牠們不會再出現！

【緊張的抓人事件】謝〇臻

二〇二三年十月十九日，星期四，天氣晴

在狹小的教室，氣氛愉悅、開心。突然，一句話打破了熱鬧的氣氛。大家都愣了一下，轉頭看向了老師，沒錯，老師生氣了！

同學們，有的驚慌失措，有的一臉問號，有的直接不理會老師，而我就是那一個不理老師的人。

老師質問：「我在地板上撿到一張便條紙上面寫著這一次考生字的答案，有沒有人要承認，現在承認還來得及，等一下我抓到的話給我抄課文一到十四課。」

然而，時間一分一秒的過了，卻還是沒有人願意承認。

在安靜了幾秒過後，老師說：「既然沒有人要承認，那我只好來抓人了。」

首先，老師先看看字跡，思考了一下後說：「女生先離開教室」，這樣看來，凶手應該是男生？

接著老師把可疑人物留在教室。經過老師嚴密的逼問之後，找到凶手了，而他竟然是班裡最安靜的同學。

在經歷了這一件令人緊張的抓人事件之後，我更加深刻地認識到老師的厲害和可怕。

所以，我們還是不要在老師面前做壞事，以免被老師罵得很嚴厲，成為別人的笑柄。

請對你親愛的日記寫下你的心情

親愛的日記：

安如老師開講

今天我想起了他——〈想念〉

你想念著誰呢？

是你久未見面的朋友，還是再也不能見面的家人？

你的思念裡有誰呢？

是一隻陪你一起長大的狗狗，還是一隻只陪伴你一年半的倉鼠？

你的懷念裡有誰呢？

是你從小住到大的老家，還是帶給你快樂回憶的幼稚園？

你的回味裡有些什麼呢？

是一碗熱騰騰的牛肉湯麵，蔥花搭著酸菜配上紅燒湯的絕妙滋味？

還是那一趟多年前的樂園旅行，讓你想起來，嘴角都會掛著微笑？

想念的滋味可能有點苦，可能還會帶著眼淚的鹹味；也有可能是甜甜的，讓人好想再次品嘗的美好感覺。

生命裡，我們會品嘗到各種滋味，酸甜苦辣，我們總會全部嘗遍，而離別與再見，卻是生命中最苦澀，也最令人不願再品嘗的滋味。

你的回憶收藏了哪些畫面？

親人過世、朋友離開、寵物 GG、竹節蟲斷成兩截的悲傷情節；又或者是你想念曾參加過的一次夏令營，當時的畫面歷歷在目好清晰；又或是一道美食，那滋味讓你意猶未盡，卻因為某些原因而無法再次回味……

生命中那些無法挽回的，無法再看到、再接觸到的，我們其實不太敢想起它，因為每當我們想起時，我們的心就會感到悲傷、遺憾或覺得無能為力，為了讓自己不要遺忘它，我們會選擇把思念寄放心底最深處，也可能寄託在一張手寫卡片裡，一張照片裡或是日記本裡，又或者是，你會將你的所有思念，通通放在一個盒子裡，有空時，就會一一翻閱、品味。

每一張照片或卡片，每一個紀念品，都能讓你說出一段故事，一段關於過去的點點滴滴。

請你寫下你的想念，你會在什麼情況，想起誰？

當你想念時，你會用什麼樣的方式來懷念？

有人想念時，會翻閱舊照片；

有人想念時，會哼唱起記憶中的那首歌；

有人想念時，會寫首詩來紀念，但拜託，你才小學，哪來的心情寫詩紀念呢？

沒關係，那就寫日記吧！

在日記裡，寫下你的想念。

一、讀日記，學詞語

歷歷在目：清楚明白的呈現在眼前。

意猶未盡：興致、意趣尚未滿足。

二、如何寫出精彩，善用修辭法

1

想念的滋味可能有點苦，可能還會帶著眼淚的鹹味；也有可能是甜甜的，讓人好想再次品嘗的美好感覺。

味覺摹寫法

2

有人想念時，會翻閱舊照片；有人想念時，會哼唱起記憶中的那首歌;有人想念時，會寫首詩來紀念。

排比法

3

想念的心情像調味料，過多過少都不好。

譬喻法

4

想念的心情像是吃百香果，有酸澀也有甜蜜。

譬喻法

5

想念的心情像是秋風中的落葉，在空中盤旋。

譬喻法

6

想念時，我就像一顆洩了氣的皮球，失去了彈性和活力。

譬喻法

7

想念時，我就像一朵枯萎的花朵，失去了生機和美麗。

譬喻法

8

想念時，我就像被烏雲遮住的月亮，失去了光輝和色彩。

譬喻法

三、日記素材庫

常被想念的對象

- ＊老師、同學、校長和校護
- ＊學校、幼稚園、安親班、補習班
- ＊小時候遺失的玩具
- ＊小時候養過的寵物
- ＊家附近已經歇業（停開）的小吃店
- ＊青梅竹馬，一起長大的朋友玩伴們
- ＊親人
- ＊小時候住過的舊家
- ＊小時候常去的公園
- ＊一架老舊的鋼琴或是小提琴等樂器
- ＊曾經參加過的冬令營、夏令營營隊
- ＊曾經去過的地方
- ＊曾經旅遊過的國家
- ＊意義非凡的紀念品
- ＊一次難得的家族團聚
- ＊一輛腳踏車

四、請問安如老師

請問安如老師：

要怎麼寫出「想念」啊？

有什麼可以寫的嗎？

安如老師：

步驟一、今天，是什麼事情勾起了你的「想念」呢？而你最想念的是什麼？是一個人、一個物品、一個地方？

步驟二、你可以先從它的外觀開始寫起，不論它是人、物、地方，都有外觀可以描寫。

步驟三、再從它跟你之間的關係開始寫起。既然是想念，就是「再也不見」。可能分離了、可能走遠了、可能遺失了、可能搬離了。各種的原因，都會讓我們的心留下一個洞，洞裡有滿滿的遺憾或難過，我們要用「回憶」來填滿它，才不會讓我們心裡的洞，越來越深。

步驟四、這份想念，讓你的生活有了什麼不同？因為想念，讓你常常跌入回憶的漩渦？因為想念，讓你常常心不在焉？因為想念，你經常感到孤單、寂寞與不安？

步驟五、你打算要怎麼處理你的想念，讓自己好過一點呢？

親愛的日記

【思念的心情】宋星霈

在秋葉紛飛的十一月，我的心情早已像被凍結的冰塊一樣。秋天的涼意深深滲透我的心靈。今天是我最要好的朋友轉學的第一天，然而思念之情已令我難受不已。

記得小時候，當我讀一年級時，他是第一位和我說話的同學；記得當我跌倒時，他是第一個跑過來扶我起來的同學；記得在我有功課不會寫時，他是第一個伸出援手教導我的同學。在我小學的日子裡，有他的陪伴，每天都充滿光明與希望。如今，他已經轉到別的學校，我唯一能依靠的，就只有那些快樂的回憶。每當想起他，心中就覺得好難受。但願我能順利度過最後孤獨無依的小學時光。

【我好想念你】張〇妍

我好想念你啊！無數的童年回憶。我好想念你啊！童年時的朋友。我好想念你啊！一去不返的歲月。我左右張望，卻無法再見到那些美好的回憶，也無法挽回所有「悲劇」的發生。事後才感嘆一切的事情，卻早已來不及了！

還記得，幼年時的純淨無知，那真是一段甜美的回憶。

當我還在讀幼兒園時，曾經那麼的受「歡迎」。在班上，不管跟誰都很處得來，全班都是我的朋友。那時，不管是談天說地，或是玩玩具，都能成為我們無聊時常做的事。「那時真是美好啊！」我經常這麼想。反觀現在，平常不是寫功課，就是複習上課內容，真是無趣的日常生活。

而最令人討厭的是：那一去不復返的時光。

當我們幼兒園畢業後，所有要好的朋友全都分道揚鑣了！

唉！如果能夠讓時光倒流，回到那個美好時光該多好啊？現在，我不禁懷念著。

【忘不了牠】曾祥齊

今天，一個美好的早晨，我在跟我那隻可愛的烏龜玩時，牠的動作突然變得很奇怪，移動時不如往常般的快速；呼吸時牠有種上氣不接下氣的感覺，但我不僅沒有帶牠去看醫生，反而繼續跟牠玩直到牠睡著為止。

然而，料想不到的是，這不是一場短暫的睡眠，而是永恆的睡眠……

我好想讓牠復活，想讓牠繼續陪我玩，我也後悔自己沒有帶牠去醫院看診……

對不起，是我害死了你，也讓我們永遠分開了……

請對你親愛的日記寫下你的心情

親愛的日記：

安如老師開講

今天我又失眠了——〈深夜洗衣店〉

深夜，你睡得著嗎？

還是總是被各種噪音吵醒？

來自大自然的聲音，蟬聲唧唧，蛙聲嘓嘓，風聲咻咻，會讓人心情愉悅、放鬆易入眠。

然而，

如果來自窗外呼嘯而過，急駛的車聲，在夜裡捲起一陣騷動聲；又或是自樓上鄰居傳來深夜打籃球的砰砰聲，或來回走動的腳步聲，這……也太擾眠了吧！

有沒有一種聲音，在深夜吸引你的注意？

這個聲音很特別，長達四小時，你聽著它旋轉、停歇，再旋轉、再停歇，你想不透這是什麼聲音，然後你沉沉入睡，在夢裡，你睡得浮浮沉沉，不太安穩，你好像身在一座森林裡，危機四伏，總有野獸的嚎叫聲，讓你膽戰心驚。

來了！

來了！

你跑了起來，你感覺到身後有猛獸眼神發亮，把你當成獵物不斷追趕你。

你只能跑、跑、跑！

然後，你從夢裡驚醒來，伴隨著你醒過來的，是戛然而止的噪音。

就這樣，一夜又一夜的噪音，讓你反覆從夢中醒來。

你開始了追尋。

你想要知道這奇異的噪音來自哪裡。

旋轉、停歇，然後淺淺的水流聲。反覆再反覆，如同一個被派來看守著你，不准你入睡的警衛，每當你終於沉沉睡去，他就要用最激烈的手段喚醒你：

旋轉、停歇， 淺淺水流聲。

直到很偶然的一天，你在廚房，而媽媽在陽臺忙，你愉快的吃著點心，突然間聽到熟悉的聲音：

旋轉、停歇，細細淺淺水流聲。

你問媽媽：「這是什麼聲音啊！」

媽媽不耐煩的回你：「洗衣機的聲音啊，你沒看到我在忙嗎？」

你問媽媽都是半夜洗衣服嗎？

媽媽說：「怎麼可能半夜洗，半夜洗衣服全家都別睡了。」

媽媽不在半夜洗衣服，那……是誰呢？

旋轉、停歇、淺淺水流聲。

彷彿是一種召喚，不斷地在深夜要你找尋它來自何方。

你下定決心，晚上不睡了，一定要找出這奇妙的聲音來自哪裡。

你躡手躡腳就怕吵醒輪流打鼾的爸媽。

你穿越過客廳，來到餐廳，手裡捏著手電筒。

手心都是緊張的汗與忐忑不安。

你左探探、右巡巡，只想找出聲音的來源。

越是靠近廚房，聲音就越明顯。

旋轉、停歇。

水流聲還沒出現。

旋轉、停歇，彷彿壞掉的機器，發出疲憊的呻吟。

好像一股召喚，好像有股力量，向你招手。

你被吸引了過去，你扭開通往陽臺的門，走了出去。

深夜，冷風凜凜，你打了一個寒顫，原來夜裡的空氣是冰的。

而你，在那裡，終於發現了祕密。

媽媽沒有洗衣。

你家裡的洗衣機，安安靜靜熟睡著。

但來自天花板的震動，傳遞了訊息：旋轉、停歇，旋轉、停歇。

原來如此，原來如此。

是樓上鄰居，開了一間「深夜洗衣店」。

你關上了陽臺門，躡手躡腳走回和陽臺只有一牆之隔的房間。

現在你知道了。

原來樓上鄰居開了間「深夜洗衣店」，而這個祕密，只有你清楚，只有你聽得見。

而「深夜洗衣店」，只在深夜營業。

從此以後，你將與熟睡告別。

現在，請你寫下來你在生活中被噪音打擾的日記吧！

一、讀日記，學詞語

騷動：擾亂不安。

浮浮沉沉：本指起起伏伏不穩定，在這裡指的是睡覺睡得不安穩。

嚎叫聲：本指有聲無淚的哭號，後泛指大聲哭號。

戛然而止：一陣聲響之後，突然停止下來。
例當老師踏入教室時，同學們的嬉笑叫鬧聲隨即戛然而止。

打鼾：睡覺時由於喉頭肌肉鬆弛，而發出粗重的呼吸聲響。

召喚：呼喚。

寒顫：因寒冷而顫慄。

躡手躡腳：放輕手腳走路，行動小心而不敢聲張的樣子。

關於狀聲詞

相信你一定聽過「狀聲詞」，知道它是專門拿來形容模擬聲音的詞，也算是形容詞的一種，而狀聲詞又可以稱為「摹聲詞」或「擬聲詞」。例如：小狗「汪汪」叫，「汪汪」就是狀聲詞；小貓「喵喵」叫，「喵喵」就是狀聲詞。在寫作時，能夠適當地將狀聲詞運用在作文之中，可以讓文章更加的生動具體，讓人有身歷其境的感受。

業配時間

關於狀聲詞的詳細介紹以及使用方法，可以參考《陳安如老師的小學生寫日記技巧課》這本書喔！

聲音樂園

＊砰。

只能用砰嗎？不一定喔，你可以根據你想表達的聲音來使用，例如：你可以用「砰砰！」

＊刷。

通常會使用在快速揮動所發出的聲音狀態上，例如：打羽毛球時，可以用「刷」一聲，只見羽毛球往天空畫出一道完美的圓弧線。

＊咚咚（碰撞或擊鼓的聲音）

＊鏘鏘（金屬相撞敲擊聲）

＊咻咻（風聲，或快速的聲音）

＊撲通（物體掉到水裡的聲音或心跳聲）

＊吱吱喳喳（鳥叫聲）

＊叮叮噹噹（玉石或金屬的撞擊聲）

＊乒乒乓乓（東西相撞所發出的聲音）

＊劈里啪啦（鞭炮聲）

＊呱呱（烏鴉叫聲）

＊嗡嗡（蜜蜂、蚊蟲的聲音）

＊咕嚕（喝水吞嚥聲、肚子餓的時候發出的聲音，或是水流聲）

＊滴答（鐘錶走動聲或雨滴聲）

＊轟隆（火車或大型機器發出的聲音或爆炸聲或雷電聲）

＊喃喃（低聲說話的聲音）

＊啾啾（蟲鳴或鳥叫聲）

二、如何寫出精彩，善用修辭法

1

來自大自然的聲音，蟬聲唧唧，蛙聲嘓嘓，風聲咻咻，會讓人心情愉悅、放鬆易入眠。

聽覺摹寫法

2

你聽著它旋轉、停歇，再旋轉、再停歇。

類疊法

3

然後你沉沉入睡，在夢裡，你睡得浮浮沉沉，不太安穩。

類疊法

4

你好像身在一座森林裡，危機四伏。

譬喻法

5

反覆再反覆，如同一個被派來看守著你，不准你入睡的警衛。

譬喻法

6

旋轉、停歇，細細淺淺水流聲。

類疊法

7

你左探探、右巡巡，只想找出聲音的來源。

類疊法

8

旋轉、停歇，彷彿壞掉的機器，發出疲憊的呻吟。

譬喻法

9

從此以後，你將與熟睡告別。

擬人法

三、日記素材庫

生活中好聽的聲音

* 樂器的聲音：鋼琴、直笛、薩克斯風、小提琴、吉他、豎琴……
* 大自然的聲音：流水聲、風聲、雨滴聲、海浪聲、雪落下的聲音、花朵開放的聲音……
* 音樂的聲音：流行歌曲、古典音樂……
* 放學鐘聲「噹噹噹噹」，宣告一天的結束。
* 雨滴聲「滴答滴答」，在窗戶上敲打，像是溫柔的歌唱。
* 歡笑聲「哈哈哈」在球場上迴盪，充滿歡樂和活力。
* 奔跑時腳步聲「啪啪」，風聲「咻咻」，讓人感受到自由和活力。
* 書頁翻動的聲音「沙沙沙」，在安靜的圖書館裡顯得格外清脆。
* 樂器的音符「叮叮噹噹」，彷彿在空中跳躍，帶來了美妙的旋律。

* 裁判吹哨的聲音「嗶嗶嗶」，在運動場上響起，掌控著比賽的節奏。
* 清晨，鳥兒的啾啾聲「啾啾啾」，如同天使的歌聲，喚醒沉睡的大地

生活中惱人的噪音

* 金屬摩擦的聲音
* 車子急煞車的聲音
* 巨大的碰撞聲「轟隆轟隆」
* 低頻噪音，例如：洗衣機或大型機器運轉所發出的聲音
* 窗外傳來的鑽牆機聲音
* 工地上機器運轉時的轟隆聲
* 深夜街頭吵架的聲音
* 鄰居家深夜派對的噪音
* 混凝土拆除時的敲擊聲「咚咚咚」
* 餐廳裡刀叉碰撞的聲音
* 飛機起降時的轟鳴聲
* 老房子中的水管滴水聲
* 機場大廳裡的人流喧囂聲
* 街頭販賣者的吆喝聲
* 隔壁房間中高分貝音樂的震耳聲

四、請問安如老師

請問安如老師：

我要怎麼寫這篇小日記啊？只能寫噪音嗎？

還是可以寫好聽的聲音？一定要寫失眠嗎？

還是只要不能忍受的噪音都可以寫？

一定要寫在家裡聽到的噪音嗎？

還是學校的噪音也可以寫呢？

安如老師：

首先，好聽的聲音跟好難聽的噪音，都很值得寫在日記裡記錄喔！

只是我們通常不太會注意到美好的聲音，反而對噪音很有感覺，所以寫下令你痛苦的噪音，反而比較好寫喔！

步驟一、先寫下今天聽到的噪音讓你覺得心情如何呢？

步驟二、描寫出噪音聽起來的感覺，通常在什麼地方、什麼時候、什麼情況下會聽到這個噪音？

步驟三、面對這樣的噪音，情緒上的變化以及影響、傷害到你什麼呢？

親愛的日記

【鬧鐘，好吵】馬〇蓁

「鈴——鈴——」今早，一個不愉快的早晨，一顆精力旺盛的鬧鐘正歡快地開著演唱會。

上一秒才跟周公道別的我，下一秒就聽到了這一點也不悅耳的「交響曲」：

「都幾點了，還不起床！」媽媽在廚房怒吼著，我想她炒菜時大概不用開瓦斯了，她頭上就有火；「鈴——鈴——」同一個聲音，同一顆鬧鐘，同樣的在我耳邊亂吼亂叫。

很好，我的耳膜已經在哭了，它快破了。

我一臉哀怨的抬起眼皮，然後把我沉重的大頭轉了轉，望向那規律的、吵死人的噪音來源——

那顆該死的鬧鐘。

「啪！」我一掌把它拍「死」了。

——我是這麼想的。

「鈴——鈴——」鬧鐘的叫聲像揮之不去的蚊子，在邊上自顧自的發出讓人不快樂的尖叫聲。

「鈴——鈴——」它在晨光下叫得很嗨。

「……」相信我，如果眼神可以殺人——這顆鬧鐘今天已經死了千百遍。

但鬧鐘不懂看人臉色，它只管執行它的偉大工作——叫醒我這個和床縫合在一起的懶散人類，然後休息一整天，到了隔天早晨再繼續尖叫，日復一日。

「鈴——鈴——」天啊，它真的好吵……趕緊來個人讓它閉嘴！

「鈴——鈴——」謝天謝地，它終於安靜了！正當我抬頭望向那個「救命恩人」時，媽媽的怒吼響起了：「要遲到了！快起來！」

糟糕，比鬧鐘更可怕的東西要來了！快逃！

【求求你，安靜點吧！】張○妍

噪音，那真是擾亂心靈的惡魔啊！好多好多的噪音，像海浪般灌進我的耳朵，我真想灌注所有的怨念，放聲大吼：「安靜點行不行啊？現在是半夜耶！」我努力讓自己冷靜，試著放寬心，但真是讓人忍無可忍啊！

我們家附近有座公園，就在離家幾步路的的地方。那裡經常有人半夜不睡覺，在那打籃球，運球時的聲音又響又吵，讓人無法入睡。即便已經入睡了，那聲音仍會像清晨時公雞的初啼聲般，喚醒熟睡中的我。我輾轉難眠，擾人的聲響不斷將我從睡夢中喚醒。我曾試著避開它，但我愈是避開，它就愈是窮追不捨。我的大腦已經發出指令，吼著安靜點，就只差沒從我嘴裡說出來而已。終於，那聲音漸漸遠離了！

「太好了！終於解脫了！」我心想著。今天總算能好好睡覺了！

【深夜賽車場】梁恩婕

呼嘯而過，一輛奔馳於大馬路上急駛的車，發出的引擎聲吵得我一夜無眠。

夢裡的我原本睡得安穩，忽然！這輛奔馳的車夾帶夜晚的「呼——呼——」風聲將我拉回現實世界，劃破寧靜。

空氣冷冰冰的，一模一樣的噪音一再重複，此刻我只想大喊：「太吵了吧！你讓不讓我睡啊？」

抱怨無用，我只能在一個無限的迴圈中不斷重複，忍受「深夜賽車場」的喧囂。

而今天，忍受不了的我，只能拖著疲憊的身體打開燈，寫下我無處宣洩的憤怒。

【深夜戰場】陳凱楨

「哐！」一聲敲擊打破了寂靜的夜，緊接著風推擠著窗戶，樹葉也沙沙作響。這是個吵鬧的夜晚，風正在狂歡，熟睡離我而去，留下的只有吵雜與黑暗。

今天一睜眼，就被刺骨的冷風一遍又一遍地攻擊，寒冷彷彿逼著我投降，使我不得不束手就擒。我好不容易熬過了昏昏沉沉的一天，受到熱水澡的救贖，原本以為可以進入甜甜的夢鄉，卻沒想到那惱人的風鬼鬼祟祟。這位不速之客不但冰鎮了夜晚，還把窗外的事物搞得人仰馬翻。狂風生氣勃勃的糾纏打鬥，在天空上推翻了墨，讓天不禁花容失色，落下了委屈的眼淚。風還在樹葉間搏鬥，令樹爺爺十分頭疼，只好發出低啞的沙沙聲，喃喃抱怨他們的調皮。窗子被風當作戰鼓，用力無情地敲打。聽！那悲憤的嗚嗚聲正是窗戶的哭泣。

今早醒來，我看著鏡中的我發黑的眼皮，一股濃濃的疲倦向我奔來。再看看門前盆栽悽慘的躺落在地上，便知道是風的傑作。自私的風真討厭，害我徹夜不成眠。

請對你親愛的日記寫下你的心情

親愛的日記：

第 3 單元

季節轉轉樂

- 下雨天
- 吃西瓜享受夏天

安如老師開講

記錄雨天的微妙瞬間——〈下雨天〉

又是一場綿綿細雨，雨聲窸窸窣窣，好像在說著誰的壞話？

一場又一場停不下來的雨，讓人的心情都好不起來。

是誰說雨天好浪漫，街景好繽紛，帶著一雙充滿詩意的眼睛看城市、看風景？

我只覺得雨天好悽慘，空氣裡溼氣好重，夜裡出門地面的積水反射出街道的燈光，讓人看不清楚前方。尤其到了夜晚，水光反射的倒影讓我分不清楚哪些是真實的街景哪些是虛幻的水影。

雨天，街道上一片混亂，摩托車、公車、汽車、腳踏車，像是不遵守跑步比賽規則的跑者，只想橫衝直撞，只想「見縫插針」，哪裡有縫哪裡鑽，誰也不讓誰；更像是百貨公司週年慶開門時，「萬頭攢動」

的人群，一窩蜂的只想往目標擠，讓人「壓力山大」，而快速駛過的車子濺起的水花，噴得行人氣急敗壞、煩悶不堪，只能在腦海裡想像自己衝向消防栓，拉起水管跟那臺沒禮貌的車子來一場大戰。

唉，只有我這麼討厭雨天嗎？

明明該感謝雨的存在，我卻那麼的不耐煩。

沒有雨，花草樹木會渴死；

沒有雨，空氣會乾燥得讓人無法呼吸；

沒有雨，大地無法洗得乾乾淨淨、清潔溜溜；

明明都知道雨的存在不可或缺，我卻因為下雨天而翻白眼、狂抱怨。

也許，行人稀少，沒有車輛的街道，雨天會是一場精彩的音樂會，讓人沉浸在如精靈般輕快的節奏裡；但是在擁擠不堪的街道上，雨天，彷彿是災難片的開場，若是傾盆大雨搭配轟隆隆的雷聲，就只讓人想趕快竄逃回家裡。

這是老師的雨天日記。

沉重、煩悶，那種溼答答的感覺像是老天爺感冒流著黏呼呼的鼻涕，只想問何時才能放晴（病癒）？

好不容易從狂風暴雨裡歷劫歸來的我，望向窗外，天空昏沉，一片黑暗，而閃電不定時的出現，讓整座天空像是壞掉的日光燈，忽明忽滅，閃閃爍爍，雨下得滂沱，我的心，也跟著暗了下來，跌進灰濛濛又溼淋淋的雨天裡。

換你寫下你的「雨天日記」。

一、讀日記，學詞語

窸窸窣窣：形容細碎而斷續的聲音。

悽慘：悲哀慘痛。

虛幻：不真實、無法捉摸的。

橫衝直撞：胡亂的四處衝撞。

見縫插針：看到一點縫隙，就順便插進一根針。比喻善於把握一切可以利用的空間、時機。

萬頭攢動：形容群眾聚集的景象。

壓力山大：網路流行用語，形容壓力像山一樣大，取自歐洲亞歷山大大帝的名字諧音。

歷劫歸來：經歷劫難後平安回來，有喜獲重生的意思。

滂沱：1. 雨勢盛大的樣子。例 大雨滂沱。
2. 淚多的樣子。例 涕淚滂沱、涕泗滂沱。

二、如何寫出精彩，善用修辭法

1

摩托車、公車、汽車、腳踏車，像是不遵守跑步比賽規則的跑者。

譬喻法

2

沒有雨，花草樹木會渴死。

擬人法

3

沒有雨，大地無法洗得乾乾淨淨、清潔溜溜。

擬人法＋類疊法

4

雨天會是一場精彩的音樂會，讓人沉浸在如精靈般輕快的節奏裡。

譬喻法

5

雨天，彷彿是災難片的開場。

譬喻法

6

整座天空像是壞掉的日光燈。

譬喻法

7

忽明忽滅，閃閃爍爍。

類疊法

三、日記素材庫

雨天，有各種面貌：

可以是晴朗的天空出現微微的太陽雨。

可以是忽晴忽雨，遠方還能看見彩虹的一場春雨。

可以是昏黃的天光伴著斜斜細雨，打在身上，彷彿針刺。

可以是滂沱大雨，雨如炮彈，猛烈地向大地發動攻擊。

可以是閃電、雷鳴，伴隨傾盆大雨，讓整座城市陷入昏天暗地。

形容雨天的詞語

* 細雨	* 落雨	* 細雨紛飛
* 紛飛的雨點	* 傾盆大雨	* 細雨霏霏
* 驟雨	* 猛烈的雨	* 細密的雨絲
* 大雨	* 盤旋的雨點	* 不停的降雨
* 滂沱大雨	* 密集的雨滴	* 雷雨交加
* 暴雨	* 雷陣雨	* 狂風暴雨

- 漫天飛舞的雨點
- 豪雨如注
- 蓬勃的雨勢
- 灑落的雨珠

雨天會看到哪些情景呢？

- 霧濛濛的雨幕
- 濛濛細雨中的街景
- 雨絲縷縷的柔和光線
- 路面泛起的水花
- 水珠在窗戶上滑落的聲音
- 雷電交加的狂風暴雨
- 溼漉漉的草地
- 飄飄渺渺的雨霧
- 雨中行人匆匆忙忙的背影
- 傘下匆忙躲雨的人群
- 雨中樹木搖曳的輕柔姿態
- 雨後清新的空氣
- 灰濛濛的天空
- 湛藍的雨後天空
- 雨滴敲打窗戶的節奏
- 被雨水洗滌的城市
- 被雨水淋溼的花朵

四、請問安如老師

請問安如老師：

雨天要怎麼寫成日記？如果當天沒有下雨，是一個大晴天怎麼辦？

安如老師：

日記不一定非得記錄「當天的生活」，你可以在寫日記當天想起「從前的某一天，是個雨天」啊！

請問安如老師：

那雨天要怎麼寫呢？

安如老師：

很簡單喔！寫作是有步驟的，你先設定記憶中的雨天，是春夏秋冬哪一個季節的雨天呢？

再來再設定，它是清晨、中午、傍晚、深夜，哪一個時間的雨呢？

接下來，再想好，它是一場大雨，還是小雨呢？

大，是多大？像什麼？

小，又是多小？又像什麼呢？

請問安如老師：

可是老師，雨天到底有什麼好寫的啊？要寫什麼？

安如老師：

你可以寫，你眼中觀察到的「雨天時的街道、雨天的行人、雨天的大自然景觀、雨天的建築物景觀，雨天的車子」這些都是可以寫進日記裡的喔！

請問安如老師：

可是這樣寫出來的小日記好像有點無聊？

安如老師：

你可以從這樣的小日記展現出來你的觀察與眾不同喔！

例如：你可以學會從不同視角觀察下雨天的情景。

從窗內往外看：

從窗內往外，整個世界彷彿被一層薄霧籠罩。雨水從天上紛紛灑下，落在地面上濺起一朵朵小水花，草地上的小草在雨中搖曳，彷彿在跳舞。路上的行人匆匆忙忙地撐著雨傘走過，踩著地上湊在一起的小水窪。

從雨滴的角度看：

雨滴從天空飄散而下，每一滴都像是一顆小水晶球，透明而閃亮。當我們從高處俯視時，可以看到雨滴在空中快速地下落，有些會和其他的雨滴相遇，形成更大的雨滴。雨滴落在不同的物體上，有時會發出清脆的聲音，有時則是柔和的沙沙聲。

從動物的角度看：

下雨了，小鳥們躲在樹枝上，緊緊地把羽毛蓋在身上，不讓雨水淋溼牠們的身體。蝸牛縮進牠們的殼裡，安靜地等待雨停。而青蛙則在池塘中快樂地跳躍，享受著雨水的滋潤，偶爾還發出嘓嘓嘓的歡叫聲。

從樹木的角度看：

樹木在雨中顯得格外青翠茂盛，樹葉上的水珠閃耀著微光，像是散落的寶石。風吹過來時，樹枝輕輕搖曳，似乎在為雨水的來臨歡呼。

從房屋的角度看：

房屋的屋頂上，雨水滴滴答答地落下，有時會在屋簷上形成一條條水瀑，滑落到地面上。窗戶上的雨水流著，像是一幅抽象的畫，每一滴都有著自己獨特的軌跡。

你看，這樣是不是能夠寫出很多觀察呢？

請對你親愛的日記寫下你的心情

安如老師幫你寫開場

親愛的日記：

天氣預報說今天會下雨，果然不出所料，一早起床，窗外的景色依舊灰沉沉的，烏雲籠罩整個天空，雨點像是調皮的小精靈，一顆一顆地跳舞著，而我的心情……

親愛的日記：

今天一早起床，透過窗戶望去，我看見外面的天空被一層灰色的厚雲籠罩著，細細的雨點像是誰在輕輕地敲打著窗戶，好像天空也在嘆氣一般……

親愛的日記：

今天早晨，當我走出家門，立刻感受到溼潤的空氣，天空中飄著些微的霧氣，雨點跳著舞，散發出清新的氣息，好像整個世界都沐浴在溫柔的雨水中……

安如老師開講

今天要來點不一樣的享受——〈吃西瓜享受夏天〉

夏日炎炎，走幾步路就汗流浹背，渾身溼透。

悶熱的夏天讓人不想出門、不想動。

熱死人不償命的夏天裡，最適合做的事情就是：

1. 開冷氣。
2. 電風扇無限循環著。
3. 舔冰棒，讓舌頭黏在冰棒上面。
4. 喝冰水，順便咀嚼冰塊，走到媽媽旁邊，讓媽媽聽了起雞皮疙瘩。。
5. 吃壽司，我要吃「現流鮪魚握壽司、炙燒鮭魚握壽司、鮭魚卵軍艦、炙燒比目魚鰭邊握壽司……」。
6. 吃一顆身材渾圓，穿著墨綠色外套的紅臉西瓜。

夏天，最棒的享受就是拜託媽媽、慫恿媽媽、跪求媽媽，買一顆西瓜回家。

基於西瓜太重、超市太遠、天氣太熱的理由，媽媽並不一定會在第一時間答應買一顆西瓜。但是！

我們生活在這麼便利的世代中，享有這麼方便的科技，只要以誠懇的心情、裝可愛的表情、討好的幫忙做家事，再不經意地提起，然後暗示媽媽：只要讓手指滑向手機，就能輕鬆召喚「傅胖達」這種神燈小精靈來實現小朋友的心願，讓想吃西瓜的願望成真，多麼方便！

然後，「叮咚！」門鈴響起。

你召喚的粉紅色小精靈就會在你家門口快速現身，手上還捧著那顆你朝思暮想，口水流成河，解放你的苦悶、解救你的口渴的——西瓜。

挑選西瓜通常都是拿起來拍打，如果聽起來沉甸甸的，以及拍打時帶有震動感，表示已經成熟，水分充足，是顆聽農夫的話乖乖長大的好西瓜。

但，西瓜已被粉紅色小精靈「傅胖達」挑選送到家，是不是好西瓜，吃了才知道。

開始吧！

首先，亮出大刀！你看那銀光閃閃真不是蓋的，只見媽媽輕鬆揮刀，一道銀晃晃的光影以光速掠過西瓜的身體，然後一剖為二，鮮紅色的西瓜肉終於現身了！

接著，媽媽再以熟練俐落的刀法，迅速的將西瓜一一切片，每一片西瓜，底下都有深綠色的底座托著鮮紅色的瓜肉，看起來像是綠手指捧著紅絲絨，視覺畫面感超豐盛，讓人迫不及待的想大口咬下。

「嗯！」一口咬下，汁水淋漓、鮮嫩甜美。

清脆的口感，讓人彷若置身在茂密的竹林裡，完全感覺不到夏日的炎熱；紅色的果肉，帶點沙沙綿綿的滑嫩，口感層次豐富：先是爽脆，再來是綿密，鮮甜的瓜汁在口腔裡漫開來，當西瓜汁在嘴裡炸出一個新鮮時，西瓜皮就像個衝浪板，帶你衝破夏日的熱浪，全身沁涼！

如果室外火傘高張，那麼西瓜就是把陽傘，阻絕了炎熱，讓躲在傘下的我們，偷得了一段，夏日的清涼。

換你寫下你的專屬享受吧！

一、讀日記，學詞語

汗流浹背：流了很多汗，溼透了背部。

熱死人不償命：很熱的意思。改寫自「氣死人不償命」，原本意思是指人氣死了，也無法講理去。

「傅胖達」：就是 foodpanda，也就是外送平臺，這是取其「諧音」，增加親切感。

神燈小精靈：《阿拉丁》的故事裡，有個神燈精靈的角色，能為人們實現願望，而神燈精靈就住在神燈裡，這個故事非常精彩，最好去看一下喔！

粉紅色小精靈：指的就是 foodpanda 外送人員，他們的制服就是粉紅色的，又像阿拉丁神燈一樣，能實現各種願望，於是在這裡就暱稱這群外送人員為「粉紅色小精靈」。

朝思暮想：白天晚上都在想念。形容思念極深。想吃某種食物的感覺，真的會讓人白天也想，晚上也想，念念不忘。

沉甸甸：形容物體分量重，也可以形容心情沉重。這邊指的是西瓜的聲音聽起來分量滿滿，也代表水分很多的意思。

銀光閃閃：閃閃：光亮閃爍。銀光閃爍耀眼。這邊形容刀子的光影。

銀晃晃：形容像銀子一樣發亮的顏色，這邊形容刀子的光影。

掠過：輕輕擦過、拂過。

紅絲絨：紅絲絨就是紅色的絲絨。有沒有吃過紅絲絨蛋糕？紅色的蛋糕看起來鬆鬆軟軟的，非常可口誘人。

迫不及待：形容心情急切，不願等待。

沙沙綿綿：可以用來形容那些口感、觸感綿綿的東西，例如：海灘上細緻的沙，或是雪花冰的口感或是棉花糖鬆軟的口感。

火傘高張：比喻烈日當空。很熱的意思。

二、如何寫出精彩，善用修辭法

1

是顆聽農夫的話乖乖長大的好西瓜。

擬人法

2

深綠色的底座托著鮮紅色的瓜肉，看起來像是綠手指捧著紅絲絨。

譬喻法＋視覺摹寫法

3

西瓜皮就像個衝浪板。

譬喻法

三、日記素材庫

生活中的享受有哪些呢？

1. 飢腸轆轆來一碗熱騰騰的湯麵。
2. 夏日傍晚騎著單車，讓微風拂過臉頰。
3. 品嘗一碗剉冰。
4. 晚上洗一場舒舒服服的熱水澡。
5. 戴上耳機，獨享美好的音樂。
6. 品嘗一口新鮮水果，感受果汁在口中爆發的清新滋味。
7. 咬下一口酥脆的炸雞，享受香氣四溢的美味。
8. 將濃郁的巧克力放入口中，感受甜蜜融化在舌尖的滋味。
9. 品嘗一口香甜多汁的熟透水果，感受果肉在舌頭上爆開的鮮美滋味。
10. 咬下一口新鮮出爐的麵包，感受鬆軟綿密的口感和焦香的外皮。

11. 品嘗一口濃郁的冰淇淋，感受冰涼滑順的口感和甜蜜的味道。

12. 咬一口香脆的水果沙拉，感受水果和蔬菜的新鮮清爽。

13. 嘗一口香濃的湯品，感受湯汁中飄散的香氣和溫暖的滋味。

14. 品嘗一口香酥可口的炸蝦，感受海鮮的鮮美和酥脆的口感。

15. 咬一口鬆軟的麵包布丁，感受麵包與奶油的濃郁融合。

16. 嘗一口熱騰騰的火鍋，感受湯底的香氣和食材的鮮嫩。

17. 品嘗一口口感豐富的壽司，感受米飯、生魚片和醋飯的絕妙組合。

四、請問安如老師

請問安如老師：

我要怎麼寫這篇小日記呢？

只能寫夏天的享受嗎？

還是只能寫吃西瓜呢？

安如老師：

這篇小日記是要你記錄下來你在現在的天氣裡，你會有什麼樣的專屬享受，讓你解夏天的燠熱之苦、對抗寒冬的絕佳妙招，或享受春天的短暫美好，或是感受秋天的蕭瑟之美喔！

所以啊，你可以這樣安排：

步驟一、描述一下現在的季節，天氣狀況，以及這樣的天氣使你覺得如何呢？

步驟二、寫下在這樣的季節裡，你最期待、最想要做的事情是什麼？

例如：你覺得在寒冷的冬天就該躲在被窩裡吃泡麵，在蕭瑟的秋天應該大啖螃蟹或是在校園裡踩踏飄落的枯葉，這些都是你可以寫下來的喔！

步驟三、記錄下來你怎麼去進行這場享受的呢？不只享受的過程要寫下來，心情也要記得記錄下來喔！

親愛的日記

【拯救「凍傷」的蔥油餅】王婕伃

今天晚上的宵夜不知道該吃什麼，所以我就去看了一下冰箱，發現了一片片被「凍傷」的蔥油餅，由於我人美心善，所以我就準備幫它舒緩一下，以下有幾個步驟：

一，拿出鍋子，放在瓦斯爐上。

二，開啟瓦斯爐。

三，倒油。

四，把蔥油餅放入鍋子，舒緩一下。

五，在旁邊聽著蔥油餅慘叫。

六，翻面，舒緩背部。

七，把煎好的蔥油餅拿出，放置盤子上。

八，切成適當大小，進行手術部分。

九，檢查蔥油餅是否還處於「凍傷」狀態，真好吃！

2023 年 12 月 17 日王醫師治療成功

【吃一口麻糬，換一個溫暖的冬天】

陳紫彤

寒風吹來，走幾步，會讓人感到頭皮發麻，不想出門、不想動，這奇怪的天氣，就是應該要在家裡度過一整天，我以前最喜歡在冬天吃一口熱騰騰的——麻糬！可是雖然做法簡單，我卻不想動手……

心裡雖然不想動，但為了我的肚子要取得溫暖，還是必須起身，跳下床，準備大「鬧」一場！

首先第一步，拿起花生搗碎，做出花生粉；下一步，準備好QQ的麻糬，在麵粉與熱火的幫助下，總算形成可愛的麻糬，一邊拿起剛熱好的麻糬，一邊撒著香甜可口的草莓粉以及花生粉，不斷地拉、不斷地撒粉，又Q又香甜可口的麻糬終於大功告成了！香氣散發，瀰漫了整個家裡。

拿起麻糬，一口咬下，熱騰騰的口感，縈繞在我口腔裡，完完全全感受不到絲毫寒冷，這才讓我認為一切的辛苦沒白費！今日是個不寒冷的冬天！

【冬天的一杯熱飲】黃○丞

冬季的來臨，讓人冷得渾身發抖。在睡覺時，「被子」更是成為了我用來防禦寒冷的護盾，暖暖、柔軟，在「被子」的懷裡安心入眠，但離開被子後可就……

我一起身，一陣寒風把我吹得四肢僵硬，渾身顫抖。頓時就有想要躺回去的念頭，冬天真是太煩人啦！但就在這時，我拿出了我自己所寫的「冬季防禦手冊」，準備做出一杯能夠令人神清氣爽，讓我滿血復活的熱飲。

說著說著，我走進了廚房，先拿起一只銀色馬克杯，反射出的光芒彷彿照亮了我的世界。再拿出了可可粉，冷到神智不清的我，差點吃了下去。接著往馬克杯裡倒入熱牛奶，最後再混入可可粉，一杯有如冬天救星的熱飲完成了！

【一杯熱可可，溫暖了整個冬天】小作家

冬天又到了，就算臺灣不會下雪，在戶外每走一步，也是越來越冷。 讓人完全不想離開舒適的被窩，踏出門口。

今天好冷喔，在這寒冷的天氣裡，除了睡覺，還有很多可以做的事：

1. 吹暖氣。

2. 用外套把自己包成一顆球。

3. 和家人一起吃火鍋，品嘗美味的牛肉。

4. 喝一杯溫暖人心的熱可可。

突然，媽媽把我叫出房間，「我不想出門！」這是我唯一的心願。可惜，我並沒有一個可以拒絕的好理由。

大雨嘩啦嘩啦的下，我和媽媽兩個人，撐著雨傘，手牽手，孤獨地在這條冰冷的街上走。

最後，終於走到全聯了！

真不知道，為什麼媽媽不用外送，要在這下大雨的冬天中，拚命地走到這裡？

但我抬頭一看，熱可可出現在我的面前！

決定就是你了！出來吧！熱可可！ 回家後，我拿著手中的「戰利品」，泡了一杯美味、散發溫暖的熱可可，準備一口吞下去！哇，嘴裡充滿著巧克力味的暖流，從口裡到胃裡，溫暖了我，也溫暖了整個冬天。

請對你親愛的日記寫下你的心情

親愛的日記：

隨手一撈，滿是回憶

小日記靈感收集簿

寫小日記找不到靈感嗎？沒關係，這裡有滿滿的小日記主題，你可以看看哪一個最符合你當天的心情，根據主題寫下你的生活小記！

1. 我最喜歡做的事
2. 一個錯誤的決定
3. 一個正確的決定
4. 我的朋友圈
5. 我的家庭
6. 我的每一天
7. 值得感謝的事情
8. 我想道歉
9. 我跟 OO 吵架了
10. 我想對我的朋友說
11. 我最喜歡的一首歌
12. 我的擔心／恐懼／害怕
13. 我最大方的一次經驗
14. 我的感謝
15. 身邊最驕傲的一個人
16. 身邊最謙虛的一個人
17. 我和他人的合作經驗
18. 我的學校
19. 我最喜歡的一堂課
20. 我最喜歡的老師
21. 我最害怕的老師
22. 我最討厭的同學

23. 我和我的朋友和好了
24. 我的東西搞丟了
25. 我最討厭做的一件事
26. 整潔活動、打掃時間
27. 大隊接力
28. 跑步比賽
29. 體育課
30. 班上的小圈圈
31. 班上的老大
32. 霸凌這件事
33. 校外教學
34. 畢業典禮
35. 這次換我上臺報告
36. 我還沒準備好
37. 令人失望的一天
38. 值得紀念的一天
39. 早起的一天
40. 爬山趣
41. 看表演
42. 關於排隊和插隊這件事
43. 整理我的房間
44. 廚房大戰
45. 餐桌大戰
46. 晚餐時光
47. 早餐時光
48. 午餐時光
49. 下午茶時光
50. 我一直在思考的一件事
51. 我最愛看的節目
52. 我最喜歡的一部漫畫
53. 我最喜歡的一本書
54. 我最喜歡的一部電影

55. 我最喜歡做的一件事
56. 我最喜歡玩的遊戲
57. 我最想去的地方
58. 我最喜歡的 YOUTUBER
59. 我最喜歡看的 YOUTUBE 頻道
60. 我做了一個 OO 的夢
61. 我這樣反覆練習一件事
62. 我的夢想
63. 我差一點遺失這段回憶／我忘記了
64. 這次我聽到的謠言
65. 我被諷刺了／我被酸了
66. 一句好聽的稱讚
67. 我被責備了
68. 我教訓了對方
69. 我的等待
70. 我讓別人等待我
71. 我的快樂
72. 我的傷心
73. 我最忍耐的一件事
74. 我很想抱怨這件事
75. 我最幸運的一件事
76. 我的生日
77. 聖誕節
78. 中秋節
79. 端午節
80. 萬聖節
81. 感恩節
82. 兒童節
83. 母親節
84. 父親節
85. 教師節
86. 跨年
87. 家人的生日慶生

88. 我參加了一場生日派對
89. 愚人節這天
90. 過年
91. 出國
92. 生病
93. 玩具
94. 閱讀
95. 好玩的一次旅遊經驗
96. 遇上大塞車
97. 關於學習國文這件事
98. 關於學習作文這件事
99. 關於學習英文這件事
100. 關於學習社會這件事
101. 關於學習數學這件事
102. 關於學習自然這件事
103. 關於學習音樂這件事
104. 關於學習繪畫這件事
105. 關於學習程式設計這件事
106. 關於我的才藝課
107. 關於跑步這件事
108. 關於游泳這件事
109. 關於球類運動這件事
110. 我的寶貝收藏品
111. 我慢慢地學會了 OO
112. 我放棄了學習 OO
113. 從這一次的經驗中，我發現我不太行
114. 好吃的餐廳
115. 地雷餐廳
116. 難忘的美味料理
117. 難忘的地雷餐
118. 好吃的街頭小吃
119. 好吃的高級美食
120. 好累的一天

121. 好痛苦的一天
122. 跟親友的分離
123. 與親友團圓相聚
124. 遇到危險的意外
125. 今天我遇到困難了
126. 我迷上了 OO
127. 今天我改掉我的壞習慣
128. 從今天起我要培養好習慣
129. 我會反省我自己
130. 我被激怒了
131. 我被氣哭了
132. 我激怒了 OO
133. 我把 OO 氣哭了
134. 我今天很努力
135. 我今天很廢
136. 我的小幸運
137. 今天挺倒楣的
138. 好不容易今天成功了
139. 沒想到今天遇上失敗
140. 這一天，我感覺到幸福
141. 這一天，我感覺到滿足
142. 因為 OO，我覺得很安心
143. 令人感動的時刻
144. 令人驚恐的瞬間
145. 心跳加速的一天
146. 我很懷念 OO
147. 我很同情 OO
148. 我很喜歡 OO
149. 我很厭倦 OO
150. 我很佩服 OO
151. 那瞬間讓我很害羞
152. 那天，我覺得很丟臉
153. 那天，我覺得很沮喪

154. 那天，我覺得很絕望
155. 誤會這件事
156. 今天的我很迷惘
157. 緊張時刻
158. 害怕不安的一天
159. 我真的生氣了
160. 嫉妒這件事
161. 我真的覺得自己很委屈
162. 關於這件事，我覺得很無奈
163. 今天好無聊
164. 我喜歡的打扮
165. 好好整理房間的一天
166. 我真的很想罵人
167. 我的復仇計畫
168. 我很崇拜他
169. 最想要的生日禮物
170. 最想要的聖誕節禮物
171. 最想要的兒童節禮物
172. 心目中完美的過年
173. 希望爸爸聽我說
174. 希望媽媽聽我說
175. 希望老師聽我說
176. 希望同學聽我說
177. 生病好難過
178. 恢復健康好快樂
179. 居家隔離的心情
180. 學會感謝別人
181. 我最快樂的一件事
182. 這件事讓我很有成就感
183. 原本我以為我做不到，但我做到了！
184. 原本我以為我做得到，但我失敗了
185. 失而復得的 OO
186. 最棒的慶祝活動

187. 我的身體受傷了
188. 我的心靈受傷了
189. OO 給我上的一堂課
190. 學習讓步
191. 幫忙做家事
192. 我是跑腿王
193. 請叫我收納達人
194. 我的 OO 不見了
195. 助人為快樂之本
196. 我好想 / 不想養寵物
197. 最近迷上這本書
198. 不小心遲到了
199. 最想要的禮物
200. 感動時刻

國家圖書館出版品預行編目（CIP）資料

陳安如老師教小學生寫情境日記 / 陳安如著 . –　初版 .
-- 臺北市：五南圖書出版股份有限公司，2024.11
面；　公分
ISBN 978-626-393-754-3（平裝）

1.CST：漢語教學　2.CST：作文
3.CST：寫作法　4.CST：小學教學

523.313　113013219

悅讀中文 207
YX57

陳安如老師教小學生寫情境日記

作　　者 — 陳安如（260.6）
企劃主編 — 黃文瓊
責任編輯 — 吳雨潔
文字校對 — 盧文心、溫小瑩
封面設計 — 姚孝慈
內文排版 — 張巧儒
出 版 者 — 五南圖書出版股份有限公司
發 行 人 — 楊榮川
總 經 理 — 楊士清
總 編 輯 — 楊秀麗
地　　址：106 臺北市和平東路二段 339 號 4 樓
電　　話：（02）2705-5066　傳　真：（02）2706-6100
網　　址：https：//www.wunan.com.tw
電子郵件：wunan@wunan.com.tw
劃撥帳號：01068953
戶　　名：五南圖書出版股份有限公司
法律顧問：林勝安律師
出版日期：2024 年 11 月初版一刷
定　　價：新臺幣 390 元

部分詞語解釋來自中華民國教育部（Ministry of Education, R.O.C.）。《國語辭典簡編本》（版本編號：2014_20240821）網址：http://dict.concised.moe.edu.tw /